떡은 직접 먹기 위해서 만들기도 하지만
좋은 날, 소중한 이들과 함께 나누기 위해서
만드는 경우가 더 많습니다.

모락모락 따뜻한 떡으로 여러분의 일상이
조금 더 따뜻하고 풍성해지기를 기원합니다.

Foreign Copyright:
Joonwon Lee
Address: 3F, 127, Yanghwa-ro, Mapo-gu, Seoul, Republic of Korea
         3rd Floor
Telephone: 82-2-3142-4151, 82-10-4624-6629
E-mail: jwlee@cyber.co.kr

집에서 처음
후다닥 떡 만들기

2019. 9. 16. 최신 개정판 1쇄 발행
2022. 1. 21. 최신 개정판 2쇄 발행

지은이 | 박영미
펴낸이 | 최한숙
펴낸곳 | BM 성안북스
주소 | 04032 서울시 마포구 양화로 127 첨단빌딩 3층(출판기획 R&D 센터)
     | 10881 경기도 파주시 문발로 112 파주 출판 문화도시(제작 및 물류)
전화 | 02) 3142-0036
     | 031) 950-6378
팩스 | 031) 955-0510
등록 | 1978. 9. 18. 제406-1978-000001호
출판사 홈페이지 | www.cyber.co.kr
이메일 문의 | smkim@cyber.co.kr
ISBN | 978-89-7067-358-5 (13590)
정가 | 16,800원

이 책을 만든 사람들
진행 | 김상민
편집·표지 디자인 | 앤미디어
사진 | 한정수
스타일리스트 | 김지현, 김진영
홍보 | 김계향, 이보람, 유미나, 서세원
국제부 | 이선민, 조혜란, 권수경
마케팅 | 구본철, 차정욱, 나진호, 이동후, 강호묵
마케팅 지원 | 장상범, 박지연
제작 | 김유석

이 책은 2015년에 출간된 「후다닥 떡 만들기」 책을 개정하여 펴낸 것입니다.

이 책의 어느 부분도 저작권자나 BM 성안북스 발행인의 승인 문서 없이 일부 또는 전부를 사진 복사나 디스크 복사 및 기타 정보 재생 시스템을 비롯하여 현재 알려지거나 향후 발명될 어떤 전기적, 기계적 또는 다른 수단을 통해 복사하거나 재생하거나 이용할 수 없음.

■ 도서 A/S 안내

성안당에서 발행하는 모든 도서는 저자와 출판사, 그리고 독자가 함께 만들어 나갑니다.
좋은 책을 펴내기 위해 많은 노력을 기울이고 있습니다. 혹시라도 내용상의 오류나 오탈자 등이 발견되면 **"좋은 책은 나라의 보배"**로서 우리 모두가 함께 만들어 간다는 마음으로 연락주시기 바랍니다. 수정 보완하여 더 나은 책이 되도록 최선을 다하겠습니다.
성안당은 늘 독자 여러분들의 소중한 의견을 기다리고 있습니다. 좋은 의견을 보내주시는 분께는 성안당 쇼핑몰의 포인트(3,000포인트)를 적립해 드립니다.
잘못 만들어진 책이나 부록 등이 파손된 경우에는 교환해 드립니다.

집에서 처음
후다닥 떡 만들기

박영미 지음

성안북스

후다닥 떡 만들기

PROLOGUE

떡을 배우고 연구한 지 어느덧 25년이 훌쩍 지났습니다. 오랫동안 학생들에게 떡 만들기를 가르치며 가장 행복했던 순간을 떠올린다면, 아마도 난생처음 직접 만든 떡에서 김이 모락모락 나는 모습에 감탄하며 기뻐하던 학생들의 모습을 볼 때가 아니었나 싶습니다.

제가 막 입문했을 때의 떡과 지금 유행 중인 떡을 비교하면 그 변화가 참 크다는 생각이 듭니다. 지금의 떡은 만들기 간편하면서 맛도 있고 모양도 예쁘며 천연의 색과 재료를 사용해 더욱 건강하게 즐길 수 있지요. 앙금 플라워를 올린 떡을 비롯해 예술에 가까운 떡 공예 작품까지…. 특히 아이들이 좋아할 만한 캐릭터 떡, 생일 케이크 떡은 다양한 색과 기발한 모양으로 케이크에 견주어도 전혀 뒤떨어진 느낌이 들지 않습니다. 이렇듯 요즘엔 참으로 정교하고 섬세한 떡이 많이 등장하고 있습니다. 떡은 만드는 사람의 취향이 잘 반영되며 넣을 수 있는 재료도 무한합니다. 건강한 견과류와 콩류, 색 고운 과일즙과 퓌레 등을 이용해서 더 예쁘고 새로운 떡을 만들 수 있습니다.

사람들은 대부분 떡 만들기를 어렵게 생각합니다. 떡은 으레 떡집에서 사 먹는 것이라고만 여기지요. 하지만 막상 만들어보면 요즘 유행하는 홈 베이킹보다 더 쉽다는 걸 알고 놀라게 됩니다. 떡 만들기는 결코 어려운 일이 아닙니다. 특히 이 책은 집에서 쉽게 만들어 활용할 수 있는 떡을 위주로 한과, 음료 등을 함께 소개하고 있습니다. 요즘 인기 있는 유명 팥빙수 체인점의 인절미 토스트 따라잡기, 귀여운 떡 바, 간편한 컵 떡 등 젊은 층이 좋아할 만한 메뉴를 더했습니다.

혹시 쌀을 불려 방앗간에 가서 가루로 빻아 냉동실에 보관하는 일이 번거로우신가요? 온라인 쇼핑몰을 통해서도 얼마든지 쌀가루를 구할 수 있고, 건식 쌀가루도 보관성이 좋아져서 물 조절만 잘 하면 실온에서 편리하게 저장할 수 있습니다. 정말 간편하게 떡을 만들 수 있게 됐지요.

어떤 분들은 아이들이 떡을 좋아하지 않아서 만들기 망설여진다고 합니다. 질감이 퍽퍽해서 그럴 수도 있지만, 어쩌면 단순히 어려서부터 떡을 많이 접해보지 않아 낯설기 때문일 수도 있습니다. 엄마가 금방 만든 따끈따끈한 떡을 맛보게 해주고, 명절날 함께 송편을 빚고, 절편 덩어리로 아이들이 좋아하는 동물이나 별, 꽃 등 다양한 모양을 만들며 놀아주면 아이들도 떡에 관심을 갖고 건강한 간식 습관을 지니게 될 수 있습니다.

떡은 직접 먹기 위해 만들기도 하지만, 좋은 날 다른 이들에게 나눠주기 위해서나 축하의 의미를 담아 선물하기 위해 만드는 경우가 많습니다. 이것이 바로 제가 떡을 사랑하는 이유 중 하나입니다. 맛있는 떡을 만들어 함께 나누어 먹는 모습이 참 좋아 보이니까요. 이제부터 떡은 어려운 음식이라는 편견을 내려놓고 집에서 쉽게 완성할 수 있는 떡 만들기에 도전해보세요.

궁중음식연구원의 궁중음식 떡 부분 이수자가 되기까지 한복려 원장님께서 많은 도움을 주셨습니다. 요리의 기초부터 차근차근 지도해주시고, 다른 이들을 직접 가르칠 수 있는 경험을 제공해주셨지요. 궁중병과연구원의 정길자 교수님은 떡을 어떻게 만들고 가르쳐야 하는가를 몸소 보여주신 분입니다. 그분께 솔선수범과 배려의 자세를 배웠던 건 저에게 큰 행운이었습니다. 이 두 분의 스승이 계시지 않았다면 오늘의 저는 존재하지 못했을 것입니다. 지금도 한 달에 한 번씩 두 분의 스승을 모시고 의궤와 고(古)조리서의 떡을 공부하고 있는데 아직도 신기하고 재미있는 떡들이 많아서 배움은 끝이 없다는 생각이 절로 듭니다.

이 책은 정말 많은 분이 도움을 주셨기에 가능한 일입니다. 성안북스의 전희경 본부장님, 20년지기 친구인 장소영, 멋진 사진을 새롭게 찍어주신 한정수 실장님, 세련되고 예쁜 스타일링으로 떡을 빛나게 해준 푸드스타일리스트 실장님 등 도와주신 모든 분께 감사드립니다.

제가 이렇게 책을 내고 강의하고 박사학위를 받기까지의 모든 순간이 행복할 수 있었던 것은 전부 가족들 덕분입니다. 언제나 든든한 버팀목이 되어주시는 시부모님, 항상 둘째 딸 힘내라고 응원해주시는 친정 부모님, 무엇을 하든 한결같은 마음으로 지지해주는 고마운 남편, 잘 챙겨주지 못해 항상 미안하지만 무엇보다 소중한 아들과 딸에게도 사랑과 감사를 전합니다.

저자 **박영미**

CONTENTS

후다닥 떡 만들기

PROLOGUE • 4
Basic 1 떡 만들기의 기본 • 8
Basic 2 고물과 고명 준비하기 • 12
Basic 3 색을 더하는 재료 • 18
Basic 4 기본 도구 • 20

Part 1 우리가 좋아하는 전통 떡

백설기 • 26
붉은팥시루떡 • 29
절편 • 30
인절미 • 32
쑥갠떡 • 34
개피떡 • 36
삼색 찹쌀떡 • 38
오쟁이떡 • 41
쇠머리떡 • 42

거피팥메시루떡 • 45
컵떡 활용하기 • 46
송편 • 47
감자송편 • 50
수수경단 • 52
약식 • 54
증편 • 56
네모부꾸미 • 58
화전 • 61

Part 2 나누기 좋은 정성어린 떡

무지개떡 • 64
대추약편 • 66
단호박떡 • 69
두텁떡 • 70
두텁메편 • 73
두텁찰편 • 74
구름떡 • 77
등태떡 • 78

석탄병 • 80
잣설기 • 83
흑임자설기 • 84
맞편 • 86
흑미영양떡 • 89
별미경단 • 90
현미인절미 • 92
밤단자 • 95

Part 3 베이킹 보다 맛있는 요즘 떡

설탕설기 • 98
고구마떡케이크 • 101
커피설기 • 103
팥설기 • 105
팥앙금떡 • 107
인절미말이 • 108
너트설기 • 110
초콜릿떡케이크 • 113

버터설기 • 115
녹차떡케이크 • 117
라즈베리설기 • 119
간편 증편 • 120
건과일찰떡 • 122
LA영양찰떡 • 124
찹쌀팬케이크 • 126

 Part 4 달콤하게 즐기는 우리식 과자

개성약과 • 131
이색매작과 • 134
호두강정 • 136
양갱 • 138
견과류강정 • 140
방울쌀강정 • 142

깨엿강정 • 145
채소칩 • 148
밤초 • 150
더덕 · 도라지정과 • 152
사과 · 감자 · 무정과 • 155

 Part 5 영양 가득한 엄마표 간식

떡샌드위치 • 163
단호박찰떡구이 • 164
떡샐러드 • 166
콩강정 • 168
홈메이드 맛동산 • 170
엄마표 강정 • 172
건빵맛탕 • 174

찹쌀호떡 • 176
멸치 · 새우매작과 • 178
흑미찐빵 • 180
두부쌀과자 • 182
떡바 • 185
인절미 토스트 • 187

Part 6 지혜롭고 건강한 우리 음료

식혜 • 193
오미자화채 • 194
수정과 • 196
단호박식혜 • 199

대추생강차 • 201
모과차 • 202
두유쉐이크 • 205

부록 | 우리 떡 이야기 • 206   Index • 218

Basic 01
떡 만들기의 기본

STEP 1 쌀가루 준비하기

집에서는 쌀을 빻기 어렵기 때문에 불려서 물기를 뺀 쌀을 방앗간에 가져가 빻아요.
이 경우에는 소금간만 하고 물은 넣지 않게 주문하세요.
물을 넣어서 빻으면 가루의 상태가 더 좋아지지만 물을 얼마만큼 넣어야 할지 가늠하기 어렵고,
책의 레시피와도 양이 달라지거든요. 쌀가루는 물을 넣지 않고 빻아 만들어서
물을 넣는 기준을 잡는 것이 중요해요.

12컵 분량
멥쌀 또는 찹쌀 5컵(800g)

○ 쌀 불리기
1 쌀을 깨끗이 씻어 일어 여름에는 4~5시간, 겨울에는 7~8시간 정도 불린다. 평균 5시간 정도 불리는 것이 일반적이다.

○ 물기 빼기
2 불린 쌀을 체에 건져 30분 정도 물기를 뺀다. 충분히 불리면 멥쌀은 무게가 1.2~1.3배 정도, 찹쌀은 무게가 1.4배 정도로 늘거나 부피가 증가한다.
TIP 멥쌀과 찹쌀은 물을 흡수하는 정도가 달라 5컵(800g)을 물에 불리면 멥쌀은 1000g, 찹쌀은 1100g 정도가 돼요.

○ 가루내기
3 물기를 뺀 마른 쌀을 방앗간(떡집)에 가져가 빻아서 가루를 낸다. 반드시 소금만 넣고 물은 넣지 말라고 주문한다. 소금간은 소금을 준비할 필요 없이 방앗간에서 쌀을 맡길 때 소금간을 해달라고 하면 알아서 잘 맞춰준다.
TIP 요즘은 떡 재료를 파는 쇼핑몰에서 멥쌀가루와 찹쌀가루를 판매하고 있어요. 시간이 없거나 방앗간에 가서 쌀을 빻는 게 번거롭다면 쇼핑몰을 통해 구입하는 것도 좋아요. 다만 시판되는 쌀가루들은 대부분 '건식'이라 물에 불려 빻은 쌀가루보다 물을 많이 넣어 떡을 만들어야 해요. 설기나 시루떡 기준으로 가루 100g에 물 60g 정도를 넣는 게 좋지만 브랜드나 상태에 따라 달라질 수 있으므로 p.10의 '물 내리기'의 3번을 참고하세요.

○ 보관하기
4 완성된 쌀가루는 한 번 쓸 양만큼(5~6컵) 나눠 냉동 보관한다. 멥쌀가루인지 찹쌀가루인지 꼭 적어둔다.

흑미가루 준비하기

흑미가루는 방앗간에서 빻아서 냉동 보관해 필요할 때 꺼내 사용해도 좋지만,
떡의 주재료이기보다는 섞는 재료이고
특별한 경우에 쓸 때가 많으므로 소량씩 집에서 직접 갈아 준비하는게 좋을 수 있어요.
흑미를 불려 물기를 뺀 다음 집에서 분쇄기나 맷돌믹서로 갈아 가루를 만들면 돼요.

12컵 분량
찰흑미 800g, 소금 1큰술(호렴 12g)

◉ **쌀 불리기**
1 흑미를 깨끗이 씻어 일어 12시간 이상 불린다.

◉ **물기 빼기**
2 불린 쌀을 소쿠리에 건져 30분 정도 물기를 뺀다.

◉ **가루내기**
3 불린 쌀은 무겁기 때문에 분쇄기에 조금씩 넣어 갈아야 더 잘 갈린다.
TIP 분쇄기가 클수록 더 고운 가루를 얻을 수 있어요.

◉ **보관하기**
4 완성된 흑미가루는 1컵 단위로 나눠서 냉동 보관한다.

1   3

떡 제조기능사 실기시험 대처 방법

- 실기시험에서는 소금과 물을 넣지 않은 쌀가루가 제공되는데 쌀가루 5컵인 경우 꽃소금(재제염) 1작은술을 물 2큰술 정도에 잘 녹여 쌀가루에 섞어 체에 내리면 소금간이 고루 섞인다.
- 소금 입자를 물에 녹이지 않고 쌀가루에 섞을 경우 소금 입자가 굵어 쌀가루에 잘 섞이지 않을 수도 있어서 칼을 눕혀 옆면으로 눌러 입자를 곱게 만들어 쌀가루에 섞으면 소금이 잘 섞인다.
- 물을 넣지 않고 빻은 쌀가루 제공시 물 내리기 방법(쌀가루 수분 주기)
멥쌀가루 5컵일 경우 물은 7~8큰술이 적당하나 부피로 측정할 경우 계량하는 사람에 따라 물량 측정이 다를 수 있으니 물 내리기는 상태를 보고 조절하는 것이 좋다.(p.10 STEP 물 내리기 참조)(소금물을 만들 때 넣는 물량 포함)
- 멥쌀가루 대신 찹쌀가루로 할 경우, 소금간은 동일하고 찹쌀가루 5컵당 2큰술 정도의 물을 넣으면 된다.

STEP 2 물 내리기

쌀가루에 물을 넣어 고루 비벼 수분을 주는 과정이에요.
쌀가루에 물을 고루 섞어 보송보송한 상태로 만들어요.

1 정량의 물을 쌀가루에 넣는다.
2 손바닥으로 잘 비벼 쌀가루와 물을 골고루 섞는다.
3 쌀가루를 손으로 쥐어 덩어리를 만든 다음 손바닥 위로 2~3번 던졌을 때 쉽게 흩어지지 않는 정도가 알맞다.
4 물을 준 쌀가루를 체에 내린다. 멥쌀 시루떡인 경우 체에 2번 내리는 것이 더 부드럽고 폭신폭신하다. 체는 너무 곱지 않아도 된다.

TIP 설탕물을 넣어서 내려도 되지만 설탕이 녹으면서 쌀가루가 눅진하게 뭉치는 현상이 생길 수 있어요. 설탕은 물을 넣고 체에 내린 후 떡을 안치기 직전에 넣어야 가루의 보송보송한 상태를 유지할 수 있답니다.

STEP 3 떡 안치기

떡 안치기는 찜기나 찜통에 시루밑 또는 면 보자기를 깐 다음 쌀가루를 넣는 것을 말해요.
설기처럼 겉모양이 반듯한 떡은 시루밑을 깔아야 하고,
찜통 안에 딱 맞는 크기로 깔아야 떡 모양이 찜통에 맞게 나와요.

1 찜통에 시루밑이나 면 보자기를 깐다. 떡의 종류에 따라 설탕을 뿌린다.
TIP 시루밑 대신 종이포일, 한지 등을 사용해도 좋아요. 한지를 사용할 경우 스프레이로 물을 뿌린 후 사용해야 해요.
2 물 내린 쌀가루에 고명 등을 섞어 찜통에 넣고, 스크래퍼 등으로 윗면을 평평하게 정리한다.
3 찹쌀가루 종류는 손으로 쥐어 덩어리지게 해서 안치는 경우도 있다.
4 원하는 모양대로 칼금을 넣는다.
TIP 찌기 전에 쌀가루에 칼금을 넣어 찌면 떡을 쉽게 자를 수 있어요.

STEP 4 떡 찌기

떡을 찌는 방식은 다양해요. 물솥에 물을 끓여 김이 오르면 그 위에 찜통을 얹고 찌는 경우가 많지만 물을 끓이는 솥과 찜통이 일체형으로 된 찜기를 이용해도 돼요.
무스링 같은 도구를 활용해 원하는 모양으로 찌거나 우유갑이나 종이컵을 이용해도 좋아요.

1 질시루에 찌기

2 대나무찜통에 찌기
TIP 물솥과 찜통 사이로 김이 새면 종이타월에 물을 적셔 틈을 막아요.

3 찜기로 찌기
TIP 뚜껑이 스텐이나 유리 재질인 경우에는 응축수가 생겨 떡 위로 물이 떨어져요. 그럴 땐 뚜껑을 면 보자기로 싸서 올려놓아요.

4 다양한 모양으로 찌기
TIP 무스링을 이용할 경우 가장자리는 떡이 마를 수 있어요. 10분 찌고 무스링을 뺀 다음 다시 10분 정도 찌는 게 좋아요.

STEP 5 떡 담기

떡이 다 익으면 모양이 흐트러지지 않게 그릇에 담아야 합니다.
뜨거우니 면장갑을 껴서 화상을 입지 않게 주의하세요.

1 평평한 접시를 뒤집어 찜통 위에 얹는다.
TIP 오목한 접시를 사용하면 뒤집을 때 떡이 깨질 수 있어요.

2 접시와 찜통을 붙인 채 한꺼번에 뒤집는다.

3 찜통을 빼낸다.

4 시루밑을 제거한다.

5 떡을 담을 완성접시를 위에 뒤집어 얹고 다시 뒤집는다.

Basic 02
고물과 고명 준비하기

거피팥(흰팥)고물 만들기

3컵 분량
거피팥 1컵, 소금 ½작은술

1 거피팥은 2시간 이상 물에 불린다.
2 불린 거피팥을 손으로 비벼 껍질을 벗긴다.
3 사진처럼 체에 밭쳐 껍질은 걸러낸다.
4 찜통에 면 보자기를 깔고 팥을 안쳐 40~50분 정도 푹 무르게 찐다.
TIP 오래 묵은 팥은 1~2시간을 쪄도 잘 익지 않아요. 따라서 팥을 잘 사는 것도 굉장히 중요합니다.
5 찐 팥을 큰 그릇에 쏟은 뒤 소금을 넣고 절굿공이로 빻는다.
6 어레미나 중간체에 내려 고물을 만든다.
TIP 고물은 수분이 많고 잘 상하기 때문에 한 번에 쓸 분량만큼 계량해서 나눈 다음 냉동 보관해야 합니다.

녹두고물 만들기

1 녹두는 2시간 이상 물에 불려 거피한다.
2 체에 밭쳐 껍질은 걸러낸다.
3 찜통에 마른 면 보자기를 깔고 거피한 녹두를 푹 무르게 찐다.
4 찐 녹두를 큰 그릇에 쏟아 소금을 넣은 뒤 절구공이로 빻는다.
5 어레미에 내려 고물을 만든다.

TIP 거피팥고물 만드는 방법과 동일해요.

3컵 분량
녹두 1컵, 물 7~8컵, 소금 ½작은술

대추고(대추내림) 만들기

1 대추에 칼집을 넣고 냄비에 담아 대추가 충분히 잠길 정도로 물을 붓는다. 대추살을 바른 씨나 남은 자투리를 이용할 수도 있다.
2 1을 뭉근한 불에서 오랫동안 조려 대추가 푹 무르도록 묽게 익힌다. 너무 묽으면 약불에 조려 수분을 없앤다.

TIP 불의 세기에 따라 끓는 정도가 달라지지만 물이 거의 졸아들 때까지 끓이면 됩니다. 조리는 정도에 따라 완성된 무게가 달라지니 참고하세요.

3 2의 대추를 중간체에 내려 완성한다.

½컵 분량
대추 100g, 물 5컵

붉은팥고물 만들기

3컵 분량
붉은팥 1½컵, 물 7~8컵, 소금 1작은술

1 붉은 팥은 씻어 일어 냄비에 넣은 다음 물을 넉넉히 붓고 끓이다가 끓어오르면 물을 쏟아버린 뒤 다시 팥의 7~8배 정도의 물을 부어 푹 무르게 삶는다.
  TIP 팥의 양이 적으면 물의 배수를 늘이고 양이 많으면 물의 배수를 줄여요. 예를 들어 팥이 3~5컵일 때는 물을 3배 정도 부어서 삶아요.

2 푹 삶아지면 여분의 물을 따르고 타지 않도록 주의하면서 뜸을 들인다.
  TIP 익은 팥이 딱딱한 경우에는 여분의 물이 남아 있을 때 뚜껑을 덮고 불을 줄여 뜸을 들이면 부드러워져요. 익은 팥이 질다면 뚜껑을 열고 불을 세게 해서 얼른 볶아 보송보송한 팥고물을 만들어요.

3 한 김 나간 후 소금을 넣고 대강 찧어서 고물을 만든다.

붉은팥앙금 만들기

1 붉은팥은 씻어 일어 냄비에 넣은 다음 물을 넉넉히 붓고 끓이다가 끓어오르면 물을 쏟아버린 뒤 다시 물을 10컵 정도 넉넉히 부어 푹 무르게 삶는다.

2 체에 내리고 남은 팥 껍질은 냉수에 씻어내고 다시 고운체에 넣어 손으로 주물러 껍질에 살이 붙어 나가지 않도록 한다.

3 체에 내린 앙금을 두 겹으로 된 헝겊 주머니에 넣어 물기를 짜 버린다.

4 냄비에 물, 설탕, 소금을 넣어 시럽을 끓인 후 3을 넣고 조리다가 마지막에 물엿을 넣어 윤기를 낸다.

TIP 시판용 팥앙금을 구입해서 사용해도 돼요.

300g 분량
붉은팥 1컵, 물(삶는 용) 10컵, 물(조리는 용) ⅓컵,
설탕 ⅓컵, 소금 ½작은술, 물엿 2큰술

팥앙금가루 만들기

3컵 분량
붉은팥 1컵, 소금 ½작은술, 설탕 4큰술

1 붉은팥은 씻어 일어 냄비에 넣은 다음 물을 넉넉히 붓고 끓이다가 끓어오르면 물을 쏟아버린 뒤 다시 물을 10컵 정도 넉넉히 부어 푹 무르게 삶는다.

2 체에 내리고 남은 팥 껍질은 냉수에 씻어내고, 다시 고운체에 넣어 손으로 주물러 껍질에 살이 붙어 나가지 않도록 한다.

3 체에 내린 앙금을 두 겹으로 된 헝겊 주머니에 넣어 물기를 짜 버린다.

TIP 여기까지는 붉은팥앙금 3번까지의 과정과 같아요.

4 주머니에 남은 팥앙금에 소금을 넣어 볶는다.

TIP 볶을 때 앙금 무게의 0.2% 정도 되는 식소다를 넣어 같이 볶으면 팥앙금이 선명한 붉은빛을 띤답니다.

5 수분이 거의 없어지면 설탕을 넣어 볶는다.

TIP 수분이 많은 상태에서 설탕을 넣으면 앙금이 질어져 볶기 어려워요.

대추고명 만들기

◉ 채썰기

1 대추의 껍질만 벗긴다는 생각으로 얇게 포 뜬다.
2 밀대로 두께가 고르게 되도록 밀어준다.
3 사이에 설탕을 묻히고 두 장을 겹쳐서 채 썬다.

◉ 틀로 찍기

1 대추의 껍질만 벗긴다는 생각으로 얇게 포 뜬다.
2 고른 두께가 되도록 밀대로 민다.
3 여러 가지 모양틀로 찍어낸다.

◉ 꽃모양으로 썰기

1 대추의 껍질만 벗긴다는 생각으로 얇게 포뜬 뒤 고른 두께가 되도록 밀대로 민다.
2 대추를 돌돌 말아준다.
3 작은 칼로 얇게 썬다.

Basic 03 — 색을 더하는 재료

붉은색 계열

- **코치닐색소가루** 선인장에 기생하는 연지벌레에서 얻어지는 동물성 천연색소이다. 음료수, 아이스크림, 과일음료 등에 광범위하게 쓰인다.

- **자색고구마가루** 일반 고구마와 다르게 안토시안이 풍부해 속이 붉은색을 띤다. 송편, 무지개떡의 색을 낼 때 많이 쓰인다.

- **백년초가루** 손바닥선인장. 제주도에서는 백년초라고 한다. 백년초의 열매로 만든 가루로 쌀가루에 섞어 찌면 색이 흐려지므로 떡이 익은 후 색을 내는 절편, 개피떡 등에 사용한다.

노란색 계열

- **송홧가루** 소나무의 꽃가루로 송화편, 송화강정, 다식 등을 만드는 데 이용한다.

- **호박가루** 껍질을 벗겨 얇게 썰어 말려서 곱게 갈아 가루로 만들어 사용하거나 찜통에 호박을 쪄서 으깨어 쌀가루에 섞어 색을 낸다.

- **치자물** 치자를 물에 넣어 우러나온 물을 반죽에 넣어 색을 낸다. 치자는 한약재료 파는 가게에서 구입할 수 있다.

  TIP 치자물 ¼컵은 물 ¼컵에 치자 1개를 쪼개어 우리면 돼요. 치자는 반드시 쪼개어 우려야 노란색이 잘 우러나요.

녹색 계열

- **녹차가루** 시중에서 흔히 볼 수 있는 녹차가루. 집에서 따로 만들 필요 없이 시판되는 것을 구입해 사용한다.
- **치자그린** 치자에서 얻은 색소 추출물에 식품용 효소를 이용해 얻은 색소를 섞어 만든 색소이다.
- **파래가루** 파래를 말려 이물질을 골라낸 다음 분쇄기에 갈아 만든 가루. 굵은 가루는 고물로, 고운 가루는 쌀가루에 섞어 반죽해 사용한다.
- **쑥가루** 녹색을 내는 재료로 가장 많이 사용된다. 쑥가루를 섞어 사용해도 좋고, 데친 쑥을 함께 반죽해 색을 내기도 한다.

검은색 계열과 그 외

- **흑임자가루** 흑임자를 씻은 후 타지 않게 볶아 가루로 내어 사용한다.

- **각종 레진** 레진을 사용하면 좀더 선명하게 색을 표현할 수 있다.

- **냉동퓌레** 채소나 과일을 갈아서 체로 걸러낸 것으로 베이킹 재료 전문점에서 구입할 수 있다.

- **홈메이드 과일** 과일청과 비슷한 것으로 과일에 설탕이나 꿀 등을 넣어 재워 만든다. 제철과일로 과일청을 담가 사용하면 좋다.

Basic 04

기본 도구

계량할 때

1 **저울** | 저울 재료의 분량을 정확하게 잴 때 사용한다. 눈금저울보다 재료의 양을 좀 더 정확하게 잴 수 있는 디지털저울의 사용을 권한다.

2 **계량컵·계량스푼** | 적은 양의 재료도 정확하게 잴 수 있는 계량도구. 예전에는 되와 말을 이용하였지만 요즘에는 계량컵과 계량스푼을 이용해 양을 가늠한다.

반죽할 때

1 **믹서·분쇄기·커터기** ǀ 인절미에 묻히는 콩가루, 매작과에 필요한 멸치가루와 새우가루 등 재료를 잘게 다지거나 가루를 만들 때 사용하며, 재료를 골고루 섞을 때도 유용하게 쓸 수 있다.

2 **체** ǀ 체의 굵기에 따라 고운체, 중간체, 굵은체 등으로 나눈다. 가루류를 일정한 곱기로 쳐내기 위해 사용한다. 굵은체의 하나인 어레미는 떡고물 등을 내릴 때 주로 사용한다. 중간체는 쌀가루나 밀가루를 내릴 때 적당하다. 고운체는 가루를 더욱 곱게 만들려고 사용하며 고운 팥앙금을 만들 때 적당하다.

3 **믹싱볼** ǀ 가루류와 액체류를 담고 떡 반죽을 할 때 사용한다. 분량에 따라 크기에 알맞은 믹싱볼을 사용해 반죽한다.

4 **떡 반죽기(펀칭기)** ǀ 인절미, 찹쌀떡 등과 같이 찹쌀가루를 이용해 찰떡을 칠 때 사용한다. 떡 반죽기가 따로 없다면 제빵기를 사용해도 좋다.

5 **주걱·밀대·방망이** ǀ 주걱은 필요한 재료를 뜨거나 섞을 때 쓴다. 밀대는 반죽을 얇고 넓게 펴는 데 도움을 준다. 방망이는 절구와 함께 주로 곡식을 찧거나 빻는 데 사용한다. 떡을 만들 때는 반죽을 차지게 하려고 방망이로 빻는다. 이때 절구가 없을 때는 반죽을 깊이가 있는 볼에 담아 쳐도 좋으며, 떡이 달라붙지 않게 방망이에 소금물을 묻히며 친다.

6 **도마(혹은 매트)** ǀ 반죽을 올려 자르거나 얇게 밀 때 사용한다. 요리용 매트를 사용하거나 매트가 없다면 도마를 이용해도 좋다.

7 **장갑** ǀ 위생을 위해 장갑을 끼고 떡을 만든다.

찔 때

1 **대나무찜통** | 떡을 찔 때 필요한 도구. 질시루나 찜기보다 사용이 간편하다. 안쪽 옆면에 떡이 묻지 않아 잘 떼어낼 수 있으며, 크기가 다양해 떡의 모양과 크기를 자유롭게 조절할 수 있다.

2 **찜기·질시루** | 집에서 찜을 할 때 주로 사용하는 찜기. 물을 넣는 솥과 찜통이 하나로 되어 편하게 쓸 수 있다.

3 **물솥** | 반죽을 찔 때 사용한다. 솥에 물을 넣고 반죽을 넣은 대나무찜기를 올려 익힌다. 솥과 찜기 사이에 '김올라'를 사용하면 찜통 크기를 자유롭게 조절할 수 있다.

4 **시루밑·보자기** | 떡을 찔 때 찜기 바닥에 까는 도구이다. 김은 통하게 하면서 재료가 밑으로 빠지지 않게 하고, 떡이 바닥에 들러붙지 않게 도와준다.

5 **타이머** | 찌는 시간을 정확하게 잴 때 사용한다.

모양낼 때

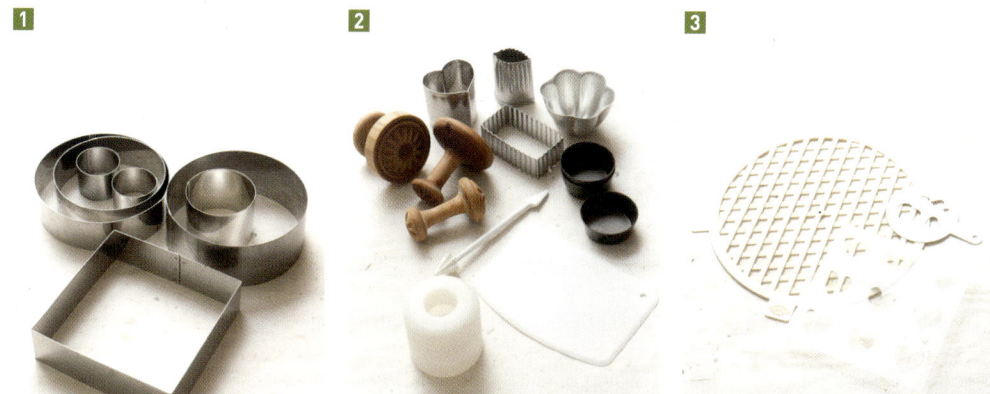

1 **무스링** | 떡을 찔 때 원하는 모양의 무스링에 반죽을 담고 찌면 꽃모양, 하트모양, 원이나 네모 등 다양한 모양의 떡을 만들 수 있다.

2 **떡살 · 쿠키틀 · 스크래퍼** | 절편과 같은 떡 위에 찍어 원하는 모양을 내는 떡살, 개피떡을 만들 때 사용하는 개피떡 성형틀 등 떡의 모양을 낼 때 사용한다. 전통 도구 외에도 베이킹할 때 사용하는 쿠키틀을 이용해 모양을 내도 좋다. 스크래퍼는 인절미나 절편을 깔끔하게 자를 때 사용한다.

3 **실리콘틀 · 패턴** | 떡케이크와 같은 떡 위에 예쁜 모양을 낼 때 원하는 모양의 실리콘틀이나 패턴을 올린 뒤 고물을 뿌려 장식한다.

Part 1
우리가 좋아하는
전통 떡

왠지 전통 떡이라고 하면 손이 많이 가고, 특별한 재료가 필요할 것 같아 집에서 만들기 쉽지 않을 것이라 생각하죠. 초보자도 쉽게 만들 수 있는 전통 떡을 소개합니다. 많은 사람들이 좋아하는 백설기, 시루떡, 인절미, 절편 등을 직접 만들어요. 특별한 날에 가족들이 모두 모여 만들어도 좋고, 어르신과 아이들을 위한 건강 간식으로도 만점이에요.

백설기

백일, 돌 등 집에 잔치가 있을 때 손님선물용으로 애용되는 백설기. 소금을 넣고 빻은 쌀가루에 물, 설탕을 넣어 체에 내려 찐 떡으로 가장 기본이 되는 시루떡이에요. 기호에 따라 검은콩, 대추, 고구마, 밤 등을 함께 넣어 찌면 다양하게 즐길 수 있어요.

4인분

- 멥쌀가루 5컵
- 물 7~8큰술
- 설탕 5큰술
- 대추 3개
- 호박씨 1작은술

+ 콩설기 만들기

콩설기는 백설기 만드는 방법과 같으며, 쌀가루에 설탕을 넣은 다음 삶은 콩만 넣으면 된다.
마른 콩을 사용할 경우, 5시간 정도 불려 충분히 잠길 정도의 물을 붓고 끓어 오르면 15분 정도 삶는다. (풋콩일 경우 삶는 과전은 생략하고 소금 간만 하면 된다.)
삶은 콩에 소금 약간만 넣어 섞은 후 쌀가루에 섞어준다.

◯ 체에 내리기

1 쌀가루에 물을 섞어서 손으로 잘 비벼 쌀가루에 수분이 알맞게 스며들게 한다.

TIP 물은 쌀가루의 수분 상태에 따라 양을 조절하면 돼요. 우유, 막걸리, 과즙으로 대체 가능합니다.

2 쌀가루를 주먹으로 쥐어서 3~4번 정도 던졌을 때 부서지지 않으면 적당하게 반죽된 것이다.

3 중간체에 내린 후 설탕을 넣어 고루 섞는다.

◯ 찌기

4 찜통에 시루밑이나 면 보자기를 깐 뒤 준비한 틀을 놓고, 3을 평평하게 고루 펴 정리한다.

5 나중에 떡이 깨끗하게 잘리도록 원하는 모양으로 칼집을 넣는다.

TIP 칼집을 넣은 다음 고명을 올려 쪄도 좋아요.

6 김 오른 솥에 5를 올리고 골고루 김이 나면 뚜껑을 덮어 약 20분가량 찐 후 약불에서 5분간 뜸 들인다.

7 뚜껑을 열고 6의 떡을 꼬치로 찔러서 흰 가루기 묻어나지 않으면 다 익은 것이므로 불을 끈다.

◯ 모양내기

8 한 김 나간 후 대추, 잣, 호박씨 등으로 고명을 올린다.

붉은팥시루떡

팥시루떡은 백설기와 함께 우리가 가장 많이 접하는 떡이에요. 팥시루떡의 붉은팥은 사악한 귀신을 물리치고 액운을 막아준다고 해 이사 갔을 때, 고사 지낼 때, 함을 받을 때 가장 많이 하는 떡이랍니다. 제사 때는 붉은팥 대신 흰팥이나 녹두, 깨 등을 고물로 사용합니다.

7~8인분

- 찹쌀가루 10컵
- 물 2~4큰술
- 설탕 10큰술
- 붉은팥고물(p.14 참고) 6컵

도구 | 질시루 또는 일반 찜기

TIP 일반 찜기에 찔 때는 떡 위에 물이 떨어질 수 있으니 면포를 뚜껑에 싸거나 위에 덮고 찌면 됩니다. 대나무 찜기는 나무라 수증기를 흡수하므로 면포를 안 덮어도 됩니다.

○ 체에 내리기

1 찹쌀가루에 물을 붓고 손으로 골고루 비벼 섞은 뒤 멍울 없이 중간체에 내린다.

2 체에 내린 찹쌀가루에 설탕을 넣어 고루 섞는다.
설탕은 기호에 따라 조절한다.

○ 찌기

3 시루에 젖은 면 보자기를 깔고 팥고물, 쌀가루, 팥고물, 쌀가루, 팥고물의 순서로 펴 안친다.

TIP 두 개의 켜로 안칠 경우 쌀가루는 2등분, 고물은 3등분하세요.

4 김 오른 물솥에 3을 올리고 시루 위로 골고루 김이 오르면 뚜껑을 덮는다.

5 약 25분 정도 찐 후 약불에서 5분간 뜸 들인다.

TIP 호박 말린 것을 불려서 넣어도 맛이 좋아요.

6 뜨거울 때 그릇에 꺼내 담는다.

TIP 시루에 찔 때는 쌀가루와 고물이 많이 필요해요. 두세 켜로 조절할 수 있지만 켜가 많아질 수록 많은 양의 고물이 필요해요.

절편

쌀가루에 물을 넉넉히 주고 천연색소로 색을 내 떡살로 찍어낸 떡이에요. 특별한 고물은 들어가지 않지만 쫀득쫀득한 식감이 매력적이랍니다. 좋아하는 색으로 색색의 옷을 입혀주세요. 보기 좋은 떡이 먹기도 좋다는 말을 실감할 수 있을 거예요.

5~6인분

- 치자물 · 백년초가루 · 흑임자가루 적당량
- 참기름 · 식용유 · 소금물(또는 밀랍) 약간씩
- **흰색 절편** | 멥쌀가루 5컵, 물 1컵
- **쑥색 절편** | 쑥색 멥쌀가루 3컵, 물 3큰술
- **도구** | 떡살(없으면 생략)

+ 쑥색 멥쌀가루 만드는 법

멥쌀을 씻어 일어 5시간 이상 불려 건져 30분 정도 물기를 뺀 뒤 곱게 빻으면 흰색 멥쌀가루를, 소금과 데친 쑥 20g을 넣어 곱게 빻으면 쑥색 멥쌀가루를 얻을 수 있다. 흰색 멥쌀가루에 쑥가루를 적당히 섞어 색을 내도 간편하다.

TIP 불린 쌀과 데친 쑥을 방앗간에서 맡겨도 좋아요. 불린 쌀의 20~30% 양의 데친 쑥을 기호에 따라 넣어 쑥색 멥쌀가루를 만들어요.

● 찌기 · 치기

1. 멥쌀가루와 쑥색 멥쌀가루에 각각 분량의 물을 넣고 고루 섞은 뒤 사진처럼 찜통에 안친다.
2. 김 오른 물솥에 1을 올리고 가루 위로 고루 김이 오르면 뚜껑을 덮어 20분가량 찐다. 절편은 시루떡보다 물이 2배 정도 많이 들어가 뜸 들이지 않는다.
3. 익은 떡을 절구, 안반, 볼 등에 담아 차지게 될 때까지 방망이로 치거나 떡 반죽기를 이용해 한 덩어리로 뭉쳐질 정도로 돌린다.

● 색 들이기

4. 흰떡을 조금씩 떼어서 각각 치자물, 백년초가루, 흑임자가루를 넣어 묻히며 반죽해 원하는 빛깔을 만든 뒤 길고 가는 모양으로 민다.

● 성형하기

5. 친 떡을 큰 도마에 놓고 소금물 또는 밀랍을 손에 묻힌 다음 원기둥 모양으로 만든다.

TIP 밀랍은 벌집에서 꿀을 짜고 남은 것으로 경동시장에서 '벌밀'로 판매해요. 2배의 식용유에 넣고 가열해 녹여 체에 거른 뒤 굳혀 사용해요.

6. 5를 반으로 접은 후 떡 위에 색깔 들인 떡을 놓고 다시 원기둥 모양으로 빈다.
7. 6의 떡을 사진처럼 손으로 잘라 꼬리떡을 만든다.
8. 떡살에 기름을 묻혀 눌러 모양을 내고 참기름과 식용유를 1:3의 비율로 섞어 떡 위에 바른다.

인절미

인절미는 잔칫상에 빠지지 않고 오르는 대표적인 떡이죠. 특히 추석을 전후한 음력 8월에 많이 해 먹었다고 합니다. 차진 찰떡을 늘려 끊은 맛있는 떡이라는 데서 '인절미'라는 이름이 붙었다고 해요.

4인분

- 찹쌀가루 5컵
- 물 2큰술
- 설탕 5큰술
- 녹두고물(p.13 참고) · 노란콩가루 · 붉은팥앙금가루(p.16 참고) ½컵씩
- 소금물 약간

◉ 찌기

1 찹쌀가루에 물을 넣어 고루 섞은 다음 설탕을 섞는다.
2 찜통에 젖은 면 보자기를 깔고 설탕을 솔솔 뿌린다.
3 쌀가루를 쥐어 덩어리지게 안치고, 김 오른 물솥에 올린 다음 가루 위로 고루 김이 오르면 20~30분간 찐다.

+ 노란콩가루 만들기(1¾컵 분량)

재료

노란콩 1컵, 소금 ⅔작은술

1 상한 콩을 골라낸 후 씻어 일어 건져 물기를 뺀 다음 타지 않게 섞으며 볶는다.

2 껍질이 갈라질 때까지 볶고 식혀 소금을 넣은 뒤 맷돌믹서에 갈아 고운체에 내린다.

◐ 치기

4 찐 떡을 사진처럼 볼에 담아 친다. 이때 떡이 달라붙지 않게 방망이에 소금물(물 1컵+소금 1작은술)을 적셔가며 친다. 떡 반죽기를 사용해도 좋다.

◐ 모양내기

5 기름 바른 비닐을 깔고 떡을 쏟아 모양을 잡는다.

6 모양이 잡힌 떡을 잘라 고물을 묻힌다.

TIP 인절미를 자를 때 랩을 씌운 칼이나 플라스틱 스크래퍼에 식용유를 발라 사용하면 깔끔하게 자를 수 있어요.

쑥갠떡

멥쌀가루에 데친 쑥 다진 것을 넉넉하게 넣고 많이 치대어 반죽한 뒤 동글납작하게 모양을 낸 떡이에요. 우리나라의 전통적인 떡으로, 여러 가지 모양을 내어 다양하게 만들 수 있어요.

4인분

- 멥쌀가루 5컵
- 쑥(데친 것) 100g
- 설탕 1큰술
- 끓는 물 ½~¾컵
- 참기름 1큰술
- 식용유·소금 약간씩

◉ 멥쌀가루 만들기

1 멥쌀가루에 데쳐서 다진 쑥을 넣는다. 데친 쑥은 섬유소 때문에 잘 다져지지 않으니 얼린 후에 다지거나 커터기에 갈면 편하다.

TIP 데친 쑥이 남으면 한 번씩 사용할 양만큼 비닐에 싸서 냉동 보관하세요.

◉ 반죽하기·모양내기

2 1에 설탕을 섞고 끓는 물을 넣어 송편반죽 정도로 익반죽한다.

TIP 오랫동안 치대 반죽할수록 더 쫄깃해요.

3 반죽을 알맞은 크기로 떼어 둥글납작하게 모양을 내거나 떡살로 찍어낸다.

◉ 찌기

4 찜통에 시루밑을 깔고 3을 넣어 김 오른 물솥에 올린 뒤 15~20분 정도 찐 다음 참기름과 식용유, 소금을 섞어 바른다.

개피떡

팥앙금을 품은 절편! 절편과 동일한 방법으로 반죽을 찌고, 쫄깃쫄깃하도록 치댄 반죽 위에 달콤한 팥앙금소를 넣어 반달모양으로 찍어낸 떡이에요. 쫄깃한 식감과 단맛의 소 때문에 아이들 입맛에도 딱이랍니다.

5~6인분

- 치자물(p.18 참고) 약간
- 백년초가루 약간
- 흑임자가루 약간
- 참기름 · 식용유 · 소금 약간씩
- **흰색 반죽** | 멥쌀가루 5컵, 물 1컵
- **쑥색 반죽** | 쑥색 멥쌀가루 3컵 (p.31 참고), 물 ½컵
- **소** | 거피팥고물(p.12 참고) 1컵, 소금 ½작은술, 꿀 1~2큰술, 계핏가루 ¼작은술

◯ **소 만들기**

1 거피팥고물에 소금, 꿀, 계핏가루를 넣어 밤톨 크기로 소를 빚는다.

TIP 시판 붉은팥앙금을 구입해 사용해도 돼요.

◯ **찌기**

2 흰색 쌀가루와 쑥색 쌀가루에 각각 분량의 물을 부어 고루 섞는다.

3 **2**를 각각 찜통에 안치고, 김 오른 솥에 올린다. 가루 위로 고루 김이 오르면 뚜껑을 덮어 20분 정도 찐다. 뜸은 들이지 않는다.

TIP 찌는 부분까지 절편과 만드는 방법이 동일해요.

◯ **성형하기**

4 찐 떡을 떡 반죽기에 넣어 한 덩어리로 뭉쳐질 정도 돌린 다음 흰떡을 조금씩 떼어서 각각 치자물, 백년초가루, 흑임자가루를 묻히며 반죽해 원하는 색깔을 만든다.

5 흰 반죽은 밀대를 이용해 얇게 밀고, 색 들인 떡을 가늘게 밀어 흰 반죽 위에 올려 다시 밀대로 민다.

6 떡에 소를 놓고 반으로 접듯 살짝 덮은 뒤 반달 모양으로 찍어낸 다음 기름을 발라 완성한다.

2

3

5

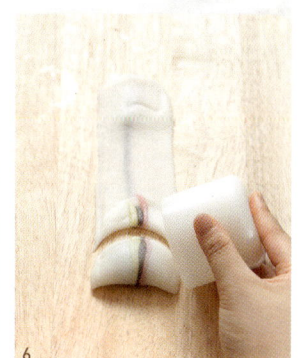
6

삼색 찹쌀떡

수험생들에게 항상 선물하는 찹쌀떡! 찹쌀떡은 인절미에 색을 넣고 팥앙금을 넣어 만든 떡이에요. 시중에 파는 찹쌀떡은 팥앙금이 너무 달죠. 집에서 직접 만든 팥앙금으로 달지 않은 찹쌀떡을 즐겨보세요.

7~8인분

- 찹쌀가루 10컵
- 물 4~6큰술
- 설탕 10큰술
- 녹말가루 5큰술
- 붉은팥앙금(p.15 참고) 300g
- 소금물 약간
- **색 재료** | 딸기레진 ½작은술, 녹차가루 1작은술

◯ **찌기**

1. 찹쌀가루에 물과 설탕을 넣어 고루 비벼 섞는다.
2. 찜통에 젖은 면 보자기를 깐 뒤 설탕을 뿌리고, 반죽을 주먹으로 쥐어 안친다.
3. 김이 오른 물솥에 **2**를 올려 가루 위로 김이 오르면 찹쌀가루가 투명해질 때까지 30분간 찐다.

◯ **치기**

4. 찐 찹쌀떡을 3등분해 두 군데에 각각 딸기레진, 녹차가루를 넣는다.
5. **4**를 각각 절구 또는 볼에 담아 소금물을 묻혀가며 방망이로 치대어 덩어리로 만든다.

◯ **성형하기**

6. 찰떡을 얇게 펴서 개피떡틀로 찍은 뒤 붉은팥앙금을 올려 감싼다.

TIP 개피떡틀이 없는 경우에 찰떡을 조금씩 떼어 얇게 펴서, 붉은팥앙금을 올려 감싸주세요.

7. 녹말가루를 묻혀 서로 붙지 않게 담는다.

오쟁이떡

오쟁이떡은 인절미에 팥소를 넣어 동그랗게 모양을 내서 콩가루를 무친 전통 떡이에요. 팥소 대신 녹두소를 넣고 콩가루를 묻히면 개성지방에서 많이 먹는 '배피떡'이 돼요.

4인분

- 찹쌀가루 5컵
- 설탕 5큰술
- 물 2~3큰술
- 붉은팥앙금(p.15 참고) 300g
- 콩가루 2컵
- 소금물 약간

● **찌기**

1 찹쌀가루에 물을 붓고 손으로 고루 비빈 후 설탕을 넣어 잘 섞는다.
2 젖은 베 보자기를 찜통에 깔고 설탕을 약간 뿌린 후 1의 반죽을 주먹 크기로 쥐어 사진처럼 담는다.

● **치기**

3 김이 오른 물솥에 2를 올려 찹쌀가루가 투명해질 때까지 20~30분 정도 찐다.
4 찐 찹쌀가루를 볼에 넣고 소금물을 묻히며 방망이로 치대어 덩어리로 만든다.

● **성형하기**

5 팥앙금을 원하는 크기로 동글게 만든다.
6 찰떡을 얇게 편 다음 팥앙금을 올려 감싼 뒤 콩가루를 고루 묻혀 서로 붙지 않게 한다.

TIP 맷돌믹서를 이용해 콩가루를 만들면 곱게 빻아지지 않으니 시판용 콩가루를 사용해요.

쇠머리떡

떡집에서 흔히 볼 수 있는 찰떡이에요. 찹쌀가루에 밤, 대추, 콩, 팥, 호박고지 등의 부재료를 넉넉하게 넣고 찐 뒤 조청을 발라 완성해요. 아침밥 대신 끼니를 때우거나 출출할 때 먹으면 든든해요.

4인분

- 찹쌀가루 5컵
- 물 2큰술
- 설탕 3~4큰술
- 밤 5개
- 대추 10개
- 호박고지 30g
- 황설탕(호박 버무리는 용) 2큰술
- 검은콩 · 팥 ½컵씩
- 황설탕(또는 조청) 약간

◐ 재료 손질하기

1 밤은 껍질을 벗겨 6등분하고 대추는 씨를 발라내고 4등분한다.
2 호박고지는 2cm 길이로 썰어 미지근한 물에 20분 정도 불려 건진 다음 물기를 꼭 짠 후 황설탕으로 버무린다.
3 검은콩은 씻어서 불린 다음 잠길 정도의 물을 부어 삶아 건진다. 물이 끓기 시작하면 10~15분 정도 더 삶으면 된다.
4 붉은팥은 씻어서 물을 넉넉히 붓고 끓어오르면 첫물은 따라 버린 다음 다시 물을 넉넉히 부어 팥이 터지지 않으면서 푹 무르도록 삶는다.

◐ 안치기 · 찌기

5 찜통에 면 보자기를 깔고 약간의 부재료를 보기 좋게 깐다.
6 쌀가루에 물과 설탕을 고루 섞고 남은 밤, 대추, 불린 호박고지, 검정콩, 팥을 넣어 버무린다.
7 찜통에 6을 덩어리지게 쥐어 안쳐서 김 오른 물솥에 올려 찐다. 꼬치로 떡을 찔렀을 때 흰 가루가 묻어나지 않게 약 30분간 찐다.
8 떡이 익으면 기름 바른 비닐에 올려 모양을 만든 다음 위아래에 황설탕이나 조청을 바르고 먹기 좋은 크기로 썬다.

거피팥메시루떡

거피팥고물을 얹어 쪄낸 시루떡. 제사가 있을 때 거피팥메시루떡이나 녹두메시루떡을 이용해보세요. 제사에는 붉은팥고물을 사용하지 않기 때문에 녹두나 거피팥, 동부 등의 고물을 이용해 떡을 만들어 올리면 좋아요.

4인분

- 멥쌀가루 4½컵
- 찹쌀가루 ½컵
- 물 7~8큰술
- 설탕 5큰술
- 거피팥고물(p.12 참고) 3컵
- 밤 7개
- 대추 15개

○ 손질하기

1. 밤은 껍질을 까서 작을 경우에는 통으로 쓰고 클 경우에는 반으로 자른다.
2. 대추는 씨를 뺀 후 원래 대추 모양으로 말아 놓는다.

○ 체에 내리기

3. 멥쌀가루와 찹쌀가루를 섞은 다음 물을 주어 손으로 비벼 골고루 섞는다.

TIP 멥쌀가루를 이용한 떡에 찹쌀가루를 섞으면 떡을 찔 때 부서지지 않아 좋아요.

4. 3을 중간체에 내린 다음 설탕을 넣어 섞는다.

○ 찌기

5. 찜통에 시루밑을 깔고 고물의 반을 바닥에 깔고 쌀가루의 반을 담아 편 후에 밤과 대추를 사이사이에 놓는다.
6. 남은 쌀가루를 넣고 평평하게 편 뒤 남은 고물을 사진처럼 안친다.
7. 김 오른 물솥에 6을 올리고 가루 위로 골고루 김이 오르면 뚜껑을 덮어 약 20분 정도 찐 후 약불에서 5분간 뜸을 들인다.
8. 뜨거울 때 꺼내 그릇에 담는다.

컵떡 활용하기

요즘은 건강과 웰빙을 생각하여 떡에 대한 인식이 바뀌면서 떡 전문 카페들이 많이 생겨 쉽게 즐길 수 있고, 선물용으로도 많이 사용되고 있습니다. 색색으로 만든 예쁘고 먹음직 스러운 송편을 투명하고 예쁜 용기에 포장하여 선물한다면, 주는 사람도 받는 사람도 모두 행복할 것 같아요. 다양하게 활용해 보세요.

송편

송편을 보면 추석 전날 가족 모두가 옹기종기 모여 송편을 빚었던 기억이 떠올라요. 예쁘게 빚기 위해 엄마가 만드는 것을 곁눈질로 보면서 따라 했었죠. 다가오는 추석에는 꽃송편, 잎새송편, 호박송편으로 모양을 내 솜씨를 뽐내보세요.

5~6인분

- 참기름 약간
- **흰색 반죽** | 멥쌀가루 2컵, 끓는 물 4~5큰술
- **쑥색 반죽** | 멥쌀가루 2컵, 쑥(데친 것) 20g, 끓는 물 3~4큰술
- **노란색 반죽** | 멥쌀가루 2컵, 단호박(찐 것) 40g, 끓는 물 2~3큰술
- **소** | 녹두팥고물(p.13 참고) ½컵, 소금·계핏가루·설탕(또는 꿀) 약간, 검은콩(삶은 것) ½컵, 소금 약간, 밤 2개, 깨소금 ½컵

○ 소 만들기
1 녹두팥고물에 계핏가루를 넣어 골고루 섞고 꿀을 넣어 반죽한다.
2 삶은 검은콩은 소금으로 간하고, 밤은 껍질을 벗겨 잘게 썬다. 깨소금은 설탕이나 꿀로 버무린다.

○ 빚기
3 각각의 가루에 데쳐 다진 쑥, 찐 단호박을 넣고 끓는 물을 넣어 익반죽해서 세 가지 색의 반죽을 만든다.
4 반죽을 밤알 정도의 크기로 떼어 둥글게 빚은 후 가운데를 파서 소를 넣고 잘 맞붙인다.

○ 모양내기
5 색 들인 반죽 남은 것을 기름 바른 비닐에 싸서 얇게 밀어 꽃모양틀로 찍은 후 조개모양으로 빚은 흰 송편에 붙인다. 사진처럼 마직펜으로 눌러 모양을 낸다.
6 소를 넣은 쑥색 반죽을 잎 모양으로 빚은 후 숟가락으로 잎맥 무늬를 넣어 잎새송편을 만든다.
7 소를 넣은 노란색 반죽을 둥글게 빚은 뒤 숟가락을 이용해 호박 모양을 내고 쑥색 반죽을 꼭지 부분에 붙여 완성한다.

○ 찌기
8 찜통에 시루밑을 깔고 송편을 안친 다음 송편이 붙지 않도록 사이사이에 기름을 바른다.

TIP 솔잎을 깔고 찌면 솔잎향이 배어 좋아요.

9 송편 위로 골고루 김이 오르면 20분 정도 찐 후 참기름을 발라 완성한다.

감자송편

감자가 많이 생산되는 강원도 지방의 전통음식이에요. 감자녹말과 찹쌀가루를 섞어 만든 반죽에
소를 넣고 손자국을 내어 빚은 소박함에 정감이 가요. 뜨거울 때 먹어야 구수하고 쫄깃해요.

2~3인분

- 감자송편가루(시판용) 300g
- 찹쌀가루 50g
- 설탕 1작은술
- 소금 1작은술
- 끓는 물 1~1½컵
- 식용유(반죽용) 1작은술
- 참기름·식용유 약간씩
- 소 | 녹두고물(p.13 참고) 1컵, 계핏가루 약간, 꿀 1½큰술

○ 반죽하기

1 감자송편가루에 찹쌀가루, 설탕, 소금을 섞은 다음 끓는 물을 넣고 익반죽한다. 중간에 식용유를 조금씩 넣어 반죽한다.

TIP 반드시 끓는 물로 익반죽해야 해요.

○ 소 만들기

2 녹두고물에 계핏가루를 섞은 후 꿀로 반죽해 둥글게 빚는다.

○ 성형하기

3 반죽을 떼어 펴서 녹두소를 넣고 꼼꼼하게 여민다.

TIP 녹두소 대신 콩을 넣어 찔 수도 있어요.

4 검지와 중지를 이용해 앞뒤로 꼭꼭 눌러 사진처럼 모양을 빚는다.

○ 찌기

5 찜통에 시루밑을 깔고 4를 넣어 김 오른 물솥에 올려서 15분 정도 찐다.

6 뜨거울 때 참기름과 식용유를 섞어 바른다.

수수경단

수수경단은 아이의 건강을 기원하며 첫돌부터 열 살까지 생일이면 만들어 먹였다고 해요. 찰수수가루를 익반죽해 동그랗게 빚은 뒤 팥고물을 묻힌 떡으로, 붉은색을 띠어 귀신을 쫓는 액막이용으로 쓰였답니다.

2~3인분

- 수수가루(소금 넣고 빻은 것) 2컵
- 찹쌀가루 1컵
- 끓는 물 5~6큰술
- 녹말가루 2큰술
- 붉은팥고물(p.14 참고) 1컵
- 꿀 2큰술

+ 수수가루 만드는 법
수수를 깨끗이 씻어 일어 7~8시간 이상 불려서 물기를 뺀 뒤 소금을 넣고 분쇄기에 곱게 갈아 가루를 만든다. 방앗간에 가지 않아도 집에서도 충분히 곱게 가루로 만들 수 있다.

◉ 반죽하기
1 수수가루와 찹쌀가루를 섞어 끓는 물로 익반죽을 한다.
2 반죽을 오래 치댄 다음 잘라서 지름 2cm 크기로 동그랗게 빚어 녹말가루를 묻힌다.

TIP 이때 설탕을 약간 넣어도 좋아요. 가루 분량이 3컵이면 설탕은 1큰술 정도 넣어요.

◉ 삶기
3 물이 끓을 때 소금을 약간 넣고 경단을 넣은 다음 경단이 떠오르면 냉수를 붓는다.
4 경단이 다시 익어 떠오르면 건져 냉수나 얼음물에 헹군다.
5 물기를 뺀 경단에 설탕 시럽이나 꿀을 묻힌 다음 팥고물을 묻힌다.

약식

약식은 찹쌀밥을 쪄서 간장, 참기름, 설탕, 대추고, 밤, 대추 등을 넣어 다시 쪄내는 떡이에요. 약밥, 약반으로도 불리며 정월 대보름이나 회갑과 같은 큰 잔치 때 많이 만들어 먹어요.

7~8인분

- 찹쌀 5컵
- 밤 15개
- 대추 20개
- 잣 약간

- **도구** | 굳힐 틀

- **양념** | 황설탕 ½컵, 흑설탕 ½컵, 참기름 4큰술, 진간장 3큰술, 계핏가루 1작은술, 대추고 3큰술, 캐러멜시럽 3큰술, 꿀 2큰술

+ 캐러멜 시럽 만드는 법

재료
설탕 6큰술, 물 3큰술, 물엿 1큰술, 끓는 물 3큰술

1 냄비에 설탕과 물을 넣어 중불에 올린 다음 젓지 말고 끓인다.
2 가장자리부터 색이 변하면서 전체적으로 갈색이 되면 끓는 물을 넣고 불을 끈 뒤 물엿을 넣어 완성한다.

◯ 손질하기

1 밤은 껍질을 모두 벗겨 4~6등분하고, 대추는 씨를 발라내어 3~4조각으로 썬다. 잣은 고깔을 뗀다.

◯ 양념하기

2 찹쌀은 깨끗이 씻어 5시간 이상 불린 뒤 물기를 뺀 다음 찜통에 면 보자기를 깔고 쌀이 푹 무르도록 1시간 정도 찐다.

3 2가 뜨거울 때 큰 그릇에 쏟아 황설탕, 흑설탕을 넣고 밥알이 한 알씩 떨어지도록 주걱으로 자르듯이 고루 섞는다.

4 참기름, 진간장, 계핏가루, 대추고, 캐러멜 시럽 순서로 넣어 맛과 색을 내고 준비한 밤, 대추를 섞는다.

5 양념한 찰밥을 2시간 이상 상온에 둬 맛이 배도록 한다.

◯ 마무리

6 찜통에 젖은 면 보자기를 깔고 **5**를 안쳐 40분 정도 쪄낸 후 그릇에 쏟아 꿀, 계핏가루, 참기름, 잣을 섞는다.

7 틀에 참기름을 골고루 바르고 약식을 넣어 모양을 내거나 밥그릇에 밥처럼 담는다.

증편

증편은 멥쌀가루에 생막걸리를 넣어 발효시킨 반죽을 쪄낸 떡이에요. 발효 과정을 거치기 때문에 소화가 잘되고 식감도 좋아 어르신 뿐만 아니라 아이들에게도 인기가 좋답니다.

7~8인분

- 멥쌀가루 5컵
- 물 1~1¼컵
- 생막걸리 ¾컵
- 설탕 ½컵
- 대추 1개
- 흑임자·호박씨 약간씩
- 식용유 약간

- **도구** | 증편틀

◯ 손질하기

1 대추는 씨를 빼고 꽃모양틀로 찍고, 흑임자는 씻어 일어 중불에서 볶는다.

◯ 발효시키기

2 설탕과 막걸리를 섞은 것을 멥쌀가루에 부어 멍울 없이 고루 섞고 랩을 씌운다.

TIP 멥쌀가루는 고운체에 내려 사용하면 좋아요.

3 2를 30~35도의 따뜻한 곳에서 반죽이 2.5~3배로 부풀게 4시간 동안 1차 발효시킨다.

4 3을 잘 섞어 공기를 뺀 뒤 다시 랩을 씌워 반죽이 2.5~3배로 부풀게 2시간 동안 2차 발효시킨다.

5 4의 반죽을 잘 섞어 공기를 빼고 반죽이 2.5~3배로 부풀게 1시간 더 3차 발효시킨다.

TIP 발효온도에 따라 부푸는 정도가 달라지므로 2.5~3배가량 부풀 때까지 발효시키면 됩니다.

◯ 찌기

6 5의 반죽을 잘 섞어 공기를 뺀 다음 기름칠한 방울증편틀의 70~80% 정도만 반죽을 채우고, 준비한 고명을 올린다.

7 김 오른 찜통에 올려 찌고 꺼낸 다음 한 김 식힌 후 윗면에 식용유를 바른다.

네모부꾸미

팥소를 선물 포장 하듯이 떡으로 정성스럽게 감싸 접은 네모부꾸미. 밸런타인데이나 화이트데이 같은 날 초콜릿 대신 은은한 빛깔로 곱게 접은 부꾸미를 선물해보세요. 더욱 특별한 날이 될 거예요.

2~3인분

- 붉은팥앙금(p.15 참고) 적당량
- 대추 6개
- 식용유 · 설탕 약간씩
- **녹색 반죽** | 찹쌀가루 1컵, 파래가루 1작은술, 끓는 물 2½큰술
- **노란색 반죽** | 찹쌀가루 1컵, 치자물(p.18 참고) 1큰술, 끓는 물 1큰술

○ **소 만들기**

1. 붉은팥앙금을 네모나게 빚는다.

TIP 기호에 따라 계핏가루를 넣어도 좋고, 덜 달게 먹으려면 다진 호두나 잣을 넣어요.

○ **반죽하기**

2. 찹쌀가루에 각각의 색 재료와 끓는 물을 넣고 치대어 말랑하게 익반죽한다.

3. 반죽을 막대 모양으로 만들어 자른 다음 둥글납작한 모양을 만든다.

○ **지지기**

4. 팬에 기름을 조금 두르고 3의 반죽이 투명하게 되도록 지진다.

5. 설탕을 뿌린 쟁반에 익힌 떡을 놓고 소를 넣어 네모나게 모양을 잡는다.

○ **장식하기**

6. 5의 떡 위에 대추로 장식한다.

화전

떡의 화려한 유혹 또는 꽃의 맛있는 변신! 떡 중에서 가장 아름다운 떡이 아닐까 생각해요. 꽃잎 하나가 떡 위에 살포시 내려앉았을 뿐인데 먹기도 전에 기분이 좋아지네요.

4인분

- 찹쌀가루 2컵
- 끓는 물 3~4큰술
- 식용 꽃(진달래꽃, 황국화, 팬지 등)
- 식용유 적당량
- 설탕(또는 꿀) 약간

◯ 반죽하기

1 찹쌀가루에 끓는 물을 넣어 익반죽해 치댄다.
2 치댄 반죽을 지름 4cm 크기로 둥글납작하게 빚어 기름 바른 쟁반에 놓는다.

◯ 고명 다듬기

3 꽃은 수술을 제거해 씻은 후 마른 면 보자기로 물기를 제거한다.
TIP 식용 꽃은 백화점 식품매장이나 인터넷 등에서 구할 수 있어요.

◯ 지지기

4 달군 팬에 기름을 두른 후 약불에서 2의 반죽을 올린다. 서로 붙지 않게 놓고 아래 쪽이 익어 말갛게 되면 뒤집는다.
TIP 지초기름에 지지면 붉은색 화전이 돼요.

5 익은 쪽에 꽃을 붙여 모양을 낸다.
TIP 꽃 대신 쑥갓잎이나 쑥잎을 잘게 뜯어 장식해도 좋아요.

6 양면이 다 익으면 꺼내어 설탕 또는 꿀을 고루 묻힌다.
TIP 봄에는 진달래화전, 가을에는 황국화전을 많이 부쳐요.

Part 2

나누기 좋은
정성어린 떡

떡이라고 하면 백설기나 절편, 인절미처럼 주위에서 흔히 보는 것만 떠올리게 됩니다. 하지만 떡은 우리가 생각하는 것보다 훨씬 종류가 많고 그만큼 맛도 다양해요. 귀한 떡인 만큼 정성이 많이 들어가 자주 해 먹지는 못하지만, 그래서 더욱 맛있고 특별하게 느껴지는 떡을 소개합니다. 정성을 담아 고마운 분에게 선물해보세요. 손님을 초대한 자리에 내놓아도 잘 어울린답니다.

무지개떡

빛깔 고운 무지개떡은 예로부터 잔치 때 많이 올리던 떡입니다. 맛이 좋을 뿐 아니라 보기에도 예쁘지요. 꼭 여기에 소개하는 레시피와 같은 색으로 만들 필요는 없으니, 색 들이는 재료를 다양하게 준비해 원하는 빛깔의 무지개떡을 만들어보세요.

7~8인분

- 무정과(p.159 참고) 3개
- **흰색 반죽** | 멥쌀가루 2컵, 물 3~4큰술, 설탕 2큰술
- **노란색 반죽** | 멥쌀가루 2컵, 치자물(p.18 참고) 1큰술, 물 2~3큰술, 설탕 2큰술
- **붉은색 반죽** | 멥쌀가루 2컵, 붉은색소물 1작은술, 물 3~4큰술, 설탕 2큰술
- **녹색 반죽** | 멥쌀가루 2컵, 쑥가루(또는 녹차가루) 1작은술, 물 3~4큰술, 설탕 2큰술
- **검은색 반죽** | 멥쌀가루 2컵, 볶은 흑임자가루 1큰술, 물 3~4큰술, 설탕 2큰술

◯ **색 들이기**

1 흑임자가루는 깨끗이 씻어 일어 볶은 후 분쇄기에 갈아 놓는다.

◯ **체에 내리기**

2 쌀가루 10컵을 준비해서 2컵씩 나눈 뒤, 네 군데에 각각 분량의 치자물, 붉은색소물, 쑥가루, 흑임자가루를 넣는다.

TIP 붉은색소물은 물 1컵에 코치닐색소나 딸기주스가루 ⅓작은술을 넣어 만들어요.

3 치자물을 넣은 쌀가루에는 물 2~3큰술, 나머지에는 각각 3~4큰술을 넣어 골고루 섞은 뒤 중간체에 내린다. 단, 붉은색 반죽은 고운체에 내린다.

4 체에 내린 쌀가루에 각각 설탕 2큰술씩을 넣어 골고루 섞는다.

◯ **찌기**

5 찜통에 시루밑을 깔고 쌀가루를 색별로 켜켜이 쌓아 안친다.

TIP 다른 색의 쌀가루를 올리기 전에 윗면을 평평하게 정리하세요.

6 김 오른 물솥에 5를 올리고 가루 위로 골고루 김이 오르면 뚜껑을 덮어 약 30분 정도 찐 후 약불에서 5분간 뜸을 들인다.

7 익은 떡을 접시에 담고 무정과를 올려 마무리한다. 무정과가 없을 때는 생략 가능하다.

TIP 대추나 잣, 호박씨를 고명으로 올릴 경우 쌀가루를 안친 후 고명 재료를 올려 함께 찌세요.

대추약편

푹 삶은 대추를 체에 내려 만든 대추고를 넣은 영양 가득한 대추약편입니다. 찹쌀가루에 대추고와 막걸리를 넣어 반죽해 찐 뒤 밤채, 대추채 등을 고명으로 올려 완성해요. 따끈한 떡에서 은은한 대추의 향을 느낄 수 있어요.

4인분

- 멥쌀가루 5컵
- 통아몬드 2큰술
- 계핏가루 ⅓작은술
- 흑설탕 2큰술
- 황설탕 3큰술
- 대추고(p.13 참고) 100g
- 막걸리 2큰술
- **고명** | 대추 5개, 밤 3개, 잣·호박씨 약간씩

○ **재료 손질하기**

1 아몬드는 굵게 다져 계핏가루와 흑설탕을 넣어 버무린다.
2 대추는 얇게 돌려 깎아 밀대로 민 후에 곱게 채 썬다. 밤도 곱게 채 썬다.
3 잣은 얇은 칼로 반으로 쪼개서 비늘잣으로 만들고, 호박씨도 얇은 칼을 이용해서 반으로 가른다.

○ **반죽하기**

4 멥쌀가루에 대추와 막걸리를 넣어 잘 비빈 후 중간체에 2번 내려 황설탕을 섞는다.

○ **찌기**

5 찜통에 시루밑을 깔고 **4**를 절반만 넣어 편 다음 **1**을 넣고, 남은 멥쌀가루를 얹는다.
6 위를 평평하게 정리해 안치고 원하는 모양으로 칼집을 넣은 뒤 준비한 고명을 얹는다.
7 김 오른 물솥에 **6**을 올리고 가루 위로 골고루 김이 오르면 뚜껑을 덮어 약 20분 정도 찐 후 약불에서 5분간 뜸을 들인다.

단호박떡

떡케이크로 가장 많이 이용하는 떡으로 쌀가루에 호박 찐 것을 넣고 색을 내어 만들어요. 맛은 물론 색도 예쁘고, 영양도 우수해요. 아이들 생일 때 색다르게 단호박떡으로 케이크를 대신해보세요.

4인분

- 멥쌀가루 5컵
- 단호박(쪄서 껍질 벗긴 것) 100g
- 설탕 5큰술
- 단호박(부속용) 100g
- 설탕 1큰술
- 녹두고물(p.13 참고) 3컵
- 단호박정과(p.157 참고) 적당량

● 손질하기

1 단호박(부속용) 100g은 껍질을 벗겨 씨를 제거하고 납작하게 썬 뒤 설탕 1큰술을 섞는다.

● 체에 내리기

2 쪄서 껍질 벗겨둔 단호박을 으깨서 쌀가루에 넣어 고루 비벼 섞은 후 중간 체에 2번 내린 다음 설탕 5큰술을 넣어 고루 섞는다. 찐 단호박에서 수분이 나오므로 물은 따로 넣지 않는다.

TIP 방앗간에서는 찐 단호박을 같이 넣어 빻아서 쌀가루를 만들어요.

● 찌기

3 찜통에 시루밑을 깔고 녹두고물을 반 정도 넣어 넉넉히 고르게 편 후 준비된 쌀가루의 ½, 썰어둔 단호박, 남은 쌀가루, 남은 녹두고물의 순서로 안친다.

4 김 오른 물솥에 3을 올리고 가루 위로 골고루 김이 오르면 뚜껑을 덮어 약 20분 정도 찐 후 약불에서 5분간 뜸을 들인다.

5 단호박정과로 장식해 마무리한다. 이 과정은 생략 가능하다.

TIP 단호박정과는 p.157의 감자정과를 참고해서 만들어요. 재료만 바뀔 뿐 과정은 같아요.

1

2-1

2-2

3

두텁떡

두텁떡은 대표적인 궁중떡으로 왕의 탄생일에 꼭 올랐던 가장 귀한 떡이에요. 봉우리떡이라고 불리기도 해요. 간장으로 간을 한 찹쌀가루에 팥소를 넣고 양념해서 볶은 거피팥고물을 듬뿍 묻혀 찐 떡이에요. 투박한 모양과는 다르게 만드는 수고와 정성이 많이 들어가 한입 베어 물면 은은한 유자향이 기분을 상큼하게 해주고 맛도 훌륭해요.

4인분

- 찹쌀가루(소금간 하지 않은 것) 5컵
- 진간장 1½큰술
- 설탕 ½컵

- **볶은 팥고물** | 거피팥고물(p.12 참고, 소금간 하지 않은 것) 3컵, 진간장 1½큰술, 설탕 ½컵, 계핏가루·후춧가루 약간씩

- **팥소** | 볶은 거피팥고물 1컵, 밤 3개, 대추 6개, 계핏가루 ¼작은술, 유자(설탕에 절인 것) ¼개분(유자차를 사용할 경우 1큰술), 유자청·꿀 1큰술씩, 잣 1큰술

◯ 반죽하기

1. 소금간을 하지 않고 빻은 찹쌀가루에 간장을 넣어 고루 비벼 섞은 후 중간체에 내려 설탕을 섞는다.

◯ 고물 만들기

2. 거피팥고물에 간장, 설탕, 계핏가루, 후춧가루를 넣어 고루 섞은 후 팬에 보슬보슬하게 볶아 식혀 구멍이 굵은체(어레미)에 내린다.

   TIP 볶을 때는 주걱으로 누르면서 뒤집어야 고물이 고와요.

◯ 팥소 만들기

3. 껍질 벗긴 밤과 씨를 뺀 대추는 잘게 썬다. 설탕에 절인 유자는 곱게 다진다.

   TIP 시판용 유자차의 유자를 사용해도 좋아요.

4. 볶은 거피팥고물 1컵에 밤, 대추, 계핏가루, 유자를 고루 섞고 유자청과 꿀을 넣어 반죽한다.

5. 4를 지름 2cm로 동글납작하게 빚어 잣을 하나씩 박는다.

◯ 찌기

6. 찜통에 젖은 면 보자기를 깔고 2를 넉넉히 올려 고루 편 다음 1을 한 숟가락씩 떠서 드문드문 놓고, 쌀가루 위에 팥소를 하나씩 올린다.

7. 6을 다시 쌀가루로 덮은 뒤 거피팥고물로 위를 덮는다.

8. 우묵하게 들어간 자리에 같은 방법으로 떡을 안쳐 김 오른 물솥에 올려서 20분 정도 찐 후 숟가락으로 하나씩 떼어 꺼낸다.

두텁메편

설탕물에 달콤하게 조린 밤초를 올린 떡케이크예요. 많지 않은 재료로 맛을 낼 수 있어 집에서도 부담 없이 만들 수 있어요. 떡 안에 밤과 잣 대신 기호에 따라 원하는 재료를 넣어 색다르게 만들어도 좋아요.

4인분

- 멥쌀가루 5컵
- 꿀 5큰술
- 물 2~3큰술
- 밤 8개
- 잣가루 5큰술
- 밤초(p.151 참고) 적당량
- **볶은 팥고물** | 거피팥고물(p.12 참고, 소금 간 하지 않은 것) 1컵, 진간장 ½큰술, 설탕 2큰술, 계핏가루·후춧가루 약간씩
- **도구** | 무스링

○ 손질하기
1 밤은 껍질을 벗겨 얇게 저며 썬다.

○ 고물 만들기
2 거피팥고물에 간장, 설탕, 계핏가루, 후춧가루를 넣어 골고루 섞는다.
3 팬에 2를 주걱으로 누르면서 뒤집어 보슬보슬하게 볶아 식힌 다음 굵은체(어레미)에 내린다.

TIP 두텁떡 고물 만드는 법과 같아요.

○ 반죽하기
4 쌀가루에 꿀과 물을 넣고 잘 비빈 후 체에 내린다.
5 4에 얇게 썬 밤과 잣가루를 넣고 잘 섞는다.

○ 찌기
6 찜통에 시루밑을 깔고 무스링을 올린 뒤 3의 고물을 편 다음 5를 얹고 다시 고물을 얇게 안쳐 김 오른 물솥에 올려 20분 정도 찐다.
7 떡 위에 밤초를 올려 장식한다.

두텁찰편

맛으로 승부하는 두텁찰편! 두텁떡과 같은 고물로 간장으로 간을 하고 밤, 대추, 호두, 잣 등의 부재료를 넣어 쪄낸 떡이에요. 두텁떡보다 안치는 방법이 수월하고 많은 사람들이 좋아하는 맛이에요.

4인분

- 찹쌀가루(소금간 하지 않은 것) 5컵
- 간장 1½큰술
- 대추고(p.13 참고) 1½큰술
- 설탕 ½컵
- 밤 5개
- 대추 10개
- 유자(설탕에 절인 것) ¼개분
- 호두 3개
- 잣 2큰술
- 호두강정(p.137 참고) 적당량
- **볶은 팥고물** | 거피팥고물 1컵, 진간장 ½큰술, 설탕 2큰술, 계핏가루·후춧가루 약간씩

재료 손질하기

1 밤은 껍질을 까서 굵게 자르고, 대추는 씨를 발라내서 4~6등분한다. 호두는 작은 조각으로 자르고 잣은 고깔을 뗀다. 설탕에 절인 유자는 곱게 다진다.
TIP 시판용 유자차에 들어 있는 유자를 사용해도 좋아요.

팥고물 만들기

2 거피팥고물을 중간체에 내린 다음 간장, 설탕, 계핏가루, 후춧가루를 넣어 골고루 섞은 후 팬에 보슬보슬하게 볶아 식혀 굵은체(어레미)에 내린다.
TIP 볶을 때 주걱으로 누르면서 뒤집어야 고물이 곱다.

반죽하기

3 쌀가루에 간장과 대추고를 넣어 고루 비벼 섞어 중간체에 내려 설탕을 섞는다.
4 3에 밤, 대추, 유자, 호두, 잣을 넣어 골고루 섞는다.

찌기

5 찜통에 젖은 면 보자기를 깔고 볶은 팥고물의 ⅓을 편다.
6 5에 4의 쌀가루, 남은 고물 순서로 안친다.
7 김이 오른 물솥에 올려 가루 위로 김이 고루 오르면 25~30분가량 찐 뒤 한 김 나가면 쏟아 윗면에 호두강정으로 장식한다.

구름떡

익힌 찹쌀가루에 팥앙금고물을 고루 묻혀서 틀에 넣어 굳혀 썰어요. 떡의 단면이 구름 모양과 같아서 구름떡이라고 해요. 팥앙금고물 외에도 좋아하는 고물을 묻혀서 다양하게 만들어요.

4인분

- 찹쌀가루 5컵
- 물 2~3큰술
- 설탕 5큰술
- 밤 4개
- 대추 10개
- 잣 1큰술
- 호두 4개
- 팥앙금가루(p.16 참고) 1½컵
- 계핏가루 ¼작은술
- 설탕물 약간

- **도구** | 떡 굳힐 틀

○ 손질하기

1 팥앙금가루에 계핏가루를 섞는다.

2 밤은 껍질을 벗겨 8~10등분하고, 대추는 씨를 빼서 4~6등분한다. 잣은 고깔을 떼고 호두는 잘게 자른다.

○ 찌기

3 쌀가루에 분량의 물을 붓고 중간체에 내린 후 설탕을 골고루 섞는다.

4 3에 밤, 대추, 잣, 호두를 넣고 골고루 섞는다.

5 찜통에 젖은 면 보자기를 깔고 4를 덩어리지게 안쳐 김 오른 물솥에 올려서 30분간 찐다.

○ 모양내기

6 떡을 굳힐 틀에 1의 팥앙금가루를 골고루 얇게 편다.

7 익은 떡을 적당히 나눠 팥앙금가루를 조금씩 묻히면서 틀에 눌러 담아 굳힌 다음 썬다. 틀에 떡을 담는 중간에 설탕물을 발라 잘 붙게 한다.

등태떡

등태떡은 쫀득한 찹쌀인절미에 꿀로 버무린 거피팥소나 녹두소를 붙여 네모지게 모양을 내 만들어요. 소가 떡 안에 있어 보이지 않는 다른 떡과 다르게 팥소가 밖으로 보이는 떡이에요. 마치 떡 샌드위치를 먹는 기분이에요.

4인분

- 찹쌀가루 5컵
- 물 3큰술
- 쑥(데친 것) 50g
- 소금물 적당량
- 소 | 거피팥고물 2컵, 꿀 3큰술, 계핏가루 ⅓작은술

◯ **소 만들기**

1 거피팥고물에 계핏가루와 꿀을 넣어 반죽한다.
2 1을 너비 1cm의 막대모양으로 만들어 3cm 길이로 자른다.

◯ **찌기**

3 찹쌀가루에 물을 주어 비벼 섞은 다음 찜통에 젖은 면 보자기를 깔고 덩어리지게 안쳐 김 오른 물솥에 올려서 20분 정도 찐다.
4 떡이 거의 익었을 때 데친 쑥을 넣어 5분간 뜸 들인다.
   TIP 쑥은 연한 잎으로 소금을 넣어 끓는 물에 데친 다음 찬물에 헹궈 곱게 다진다.

◯ **모양내기**

5 쪄 낸 떡을 절구나 볼에 넣어 소금물을 묻혀가며 꽈리가 일도록 치거나 떡반죽기를 사용하여 한 덩어리로 뭉친다.
6 5를 기름 바른 비닐에 놓고 2cm 두께로 편 다음 먹기 좋은 크기로 자른다.
7 떡, 거피팥소, 떡 순으로 붙여 모양을 낸다.

석 탄 병

절편으로 꽃을 만들어 장식한 떡케이크. 《규합총서》에 '강렬한 맛이 차마 삼키기 아까운 고로 석탄병이니라'는 문장이 기록돼 있을 만큼 석탄병은 맛이 좋고 격이 높은 떡 가운데 하나예요. 최고의 맛을 칭송하는 이름이라고 할 수 있어요.

4인분

- 멥쌀가루 5컵
- 냉동 감퓌레(또는 감가루) 100g
- 계핏가루 1작은술
- 꿀 2큰술
- 물 3~4큰술
- 잣가루 3큰술
- 설탕 3큰술
- 유자(설탕에 절인 것) ¼개분
- 밤 5개
- 대추 10개
- 당적생강 1큰술(또는 생강가루 1작은술)
- 녹두고물 3컵
- **절편꽃** | 분홍색·쑥색 절편 반죽 적당량씩(p.31 참고)

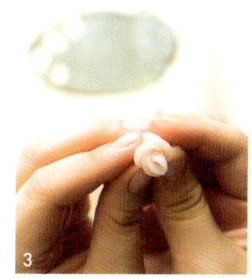

◯ 재료 손질하기

1. 냉동 감퓌레를 꺼내어 둔다. 감가루를 넣어도 되지만 냉동 감퓌레를 이용하면 더 부드러운 석탄병을 만들 수 있다.

   TIP 감가루는 물 5큰술에 풀어 사용해요.

2. 대추는 씨를 발라내고 껍질 벗긴 밤은 8~10등분한다. 설탕에 절인 유자는 작게 자른다. 잣은 고깔을 떼어 칼날로 다져 잣가루를 만든다.

◯ 장식 만들기

3. 분홍색 절편반죽을 얇게 밀어 동그란 틀로 찍은 뒤 여러 장 겹쳐 장미 모양으로 다듬어 준다.

4. 나뭇잎틀로 쑥색 절편을 찍고 스크래퍼로 잎맥을 새긴다. 3의 장미꽃에 잎 모양 절편을 붙여 절편 꽃을 완성한다.

◯ 찌기

5. 멥쌀가루에 감퓌레, 계핏가루를 넣어 고루 섞고 꿀, 물을 붓고 손으로 비벼 중간체에 내린다.

6. 5에 잣가루, 설탕, 유자, 밤, 대추, 당적생강을 섞는다.

7. 찜통에 시루밑을 깔고 녹두고물의 ½을 편 다음 쌀가루, 남은 녹두고물 순서로 안친다.

8. 김 오른 물솥에 올려 가루 위로 골고루 김이 오르면 뚜껑을 덮고 20분 정도 찐 후 불을 줄여 5분간 뜸을 들인다. 절편 꽃을 장식해 마무리한다.

잣설기

두뇌 건강에 좋은 견과류 중에서도 식이섬유가 풍부한 잣가루를 섞어 부드러운 맛이 일품인 잣설기예요. 백설기의 촉촉한 맛에 고소한 맛의 잣이 어우러져 풍미가 좋답니다.

4인분

- 멥쌀가루 5컵
- 물 5~6큰술
- 꿀 2큰술
- 잣 2½큰술
- 설탕 3큰술
- 단호박가루 · 녹차가루 · 흑임자 가루 1큰술씩

- **도구** | 무스링

○ 손질하기

1 잣은 고깔을 떼어내고 한지를 깔고 칼날로 다져서 가루로 만든다. 치즈그레이터를 사용해 가루를 내면 편하다.

○ 체에 내리기

2 쌀가루에 물과 꿀을 섞어 넣어 잘 비벼서 중간체에 내린 후 잣가루와 설탕을 넣고 잘 섞는다.

3 2를 조금 덜어내 3등분한 후 각각 단호박가루, 녹차가루, 흑임자가루를 넣어 섞는다.

TIP 색을 보면서 각각의 가루 분량을 조절하세요.

○ 찌기

4 찜통에 시루밑을 깔고 무스링 위에 2의 쌀가루를 평평하게 안친 다음 그림자패턴을 올린다.

5 그림자패턴 위에 글씨패턴을 올리고 다양한 색의 쌀가루를 뿌려 글씨 모양을 낸다.

TIP 다양한 글씨 패턴을 판매하므로 원하는 패턴을 이용해요.

6 김 오른 물솥에 찜통을 올리고 가루 위로 김이 고루 오르면 20분 정도 찐 후 약불로 5분간 뜸을 들인다.

흑임자설기

멥쌀가루에 흑임자가루를 섞어 쪄낸 떡이에요. 색색의 예쁜 경단에 카스텔라 고물을 묻혀 보기에도 좋고 맛도 풍부해졌어요. 떡에 기호에 따라 대추, 밤초, 호두강정 등을 올려 장식해 케이크처럼 즐길 수 있어요.

1~2인분

- 멥쌀가루 2컵
- 흑임자가루 2큰술
- 물 3~4큰술
- 설탕 2큰술
- 카스텔라 고물 1컵
- **경단** | 찹쌀가루 1컵, 끓는 물 2큰술, 꿀 1큰술, 색 재료(치자물, 백년초, 쑥가루) 적당량
- **도구** | 무스링

◉ **준비하기**

1. 카스텔라는 검은 부분을 떼어내고 중간체에 내린다.
2. 흑임자는 깨끗이 씻어 일어 볶은 후 믹서에 갈아 가루로 만든다.

◉ **경단 만들기**

3. 찹쌀가루 1컵에 색 재료를 넣어 잘 섞고, 끓는 물을 넣어 익반죽한 후 작고 동글게 빚어 끓는 물에 삶는다.
4. 삶은 경단에 꿀을 바른 다음 카스텔라 고물을 묻힌다.

◉ **찌기**

5. 멥쌀가루에 흑임자가루와 물을 넣고 섞어 잘 비벼서 중간체에 내린 다음 설탕을 넣고 골고루 섞는다.
6. 찜통에 시루밑을 깔고 무스링을 올린 뒤 쌀가루를 안친 후 김 오른 물솥에 올려 10분가량 찐다. 무스링을 빼고 다시 10분간 찐 뒤 5분간 뜸들인다.

◉ **장식하기**

7. 익은 떡 위에 카스텔라 고물을 뿌리고 경단을 올려 장식한다.

맞편

맞편은 백설기와 같은 식감의 떡이에요. 떡 사이에 찹쌀가루에 버무린 밤, 대추, 잣, 호두를 넣어 쪄서 만들어요. 떡이 서로 마주 본다 하여 '맞떡'이라고 부르지요. 백설기를 좀 더 특별하게 먹고 싶을 때 만들어보세요.

4인분

- 멥쌀가루 5컵
- 꿀 2큰술
- 물 4~6큰술
- 설탕 3큰술
- **충전물** | 찹쌀가루 2컵, 계핏가루 1작은술, 물 1큰술, 흑설탕 2큰술, 잣 1큰술, 밤 4개, 대추 5개, 호두 5개

◎ **체에 내리기**

1 멥쌀가루에 꿀과 물을 섞어 중간체에 내린 후 설탕을 넣고 골고루 섞는다.

◎ **충전물 만들기**

2 밤, 대추, 잣, 호두를 잘게 썬다.

3 찹쌀가루에 계핏가루, 물, 흑설탕을 넣고 골고루 섞은 후 **2**를 넣어 섞는다.

◎ **찌기**

4 찜통에 시루밑을 깔고 멥쌀가루를 반으로 나눈 후 나눈 멥쌀가루, **3**의 충전물, 남은 멥쌀가루 순으로 안친다.

5 김 오른 물솥에 찜통을 올리고 가루 위로 골고루 김이 오르면 약 20분 정도 찐 후 약불에서 5분간 뜸을 들인다.

흑미영양떡

찹쌀가루에 흑미가루를 섞어 색을 내고 말린 과일, 견과류, 씨앗을 넣어 맛을 낸 영양떡이에요. 미리 만들어서 한 번 먹을 양만큼 개별포장해 냉동 보관한 뒤 먹을 때마다 꺼내 먹어요. 영양이 가득해 아침 식사 대용으로 활용해도 좋아요.

4인분

- 찹쌀가루 5컵
- 흑미가루 1컵
- 물 3~4큰술
- 해바라기 씨 2큰술
- 호박씨 2큰술
- 잣 2큰술
- 호두 6개
- 호박고지 30g
- 거피팥고물(p.12 참고) 1컵
- 황설탕 6큰술
- 식용유 약간

◐ 재료 손질하기
1 해바라기 씨, 호박씨, 잣은 마른행주로 닦고, 호두는 5~6등분한다.
2 호박고지는 20분 정도 물에 불려 물기를 꼭 짠 후 설탕을 넣고 주무른다.

◐ 체에 내리기
3 찹쌀가루와 흑미가루에 물을 주어 손으로 비벼서 섞은 다음 설탕을 넣어 고루 섞는다.

TIP 찹쌀을 쪄서 모양을 내는 떡은 체에 내리지 않아야 더 잘 익어요.

4 3에 준비한 견과류, 호박고지, 거피팥고물을 넣어 고루 섞는다.

◐ 찌기
5 찜통에 젖은 면 보자기를 깔고 4를 덩어리지게 안친 다음 김 오른 물솥에 올린다. 가루 위로 골고루 김이 오르면 뚜껑을 덮어 30분 찐 후 약불에서 5분간 뜸 들인다.
6 비닐에 기름칠을 한 후 익은 떡을 쏟아 모양을 잡은 뒤 굳힌 후 썬다.

별미경단

경단은 보통 찹쌀가루를 끓는 물로 익반죽해서 둥글게 빚어 고물을 묻혀 만들지만 소개해 드리는 별미경단은 인절미로 만들어 더욱 쫄깃한 맛을 즐길 수 있어요. 인절미로 동그란 거피팥소를 얇게 싼 후 흰깨, 흑임자, 카스텔라 고물, 호박씨가루 등을 묻혀 맛을 냈어요. 골라 먹는 재미가 있는 별미경단이랍니다.

7~8인분

- 찹쌀가루 5컵
- 물 3~4큰술
- 설탕 50g
- **소** | 대추 10개, 호두 10개, 아몬드 ¼컵, 호박씨·잣 1큰술씩, 거피팥 2컵, 소금 1작은술, 설탕 ½컵, 꿀 약간
- **고물** | 흰깨·흑임자 ½컵씩, 거피팥고물(p.12 참고)·카스텔라 고물 ½컵씩, 호박씨가루 ½컵

◉ 소 만들기
1 대추는 씨를 빼 약간 굵게 다지고 호두, 아몬드, 호박씨, 잣도 굵게 다져 마른 팬에 볶는다.
2 거피팥은 물에 충분히 불리고 씻어 껍질을 벗긴 다음 찜통에 면 보자기를 깔고 푹 무르게 쪄서 소금을 넣고 체에 내린다.
3 2에 설탕을 섞고 1의 견과류와 꿀을 넣어 잘 버무린 다음 지름 2cm의 크기로 둥글게 빚는다.

◉ 고물 만들기
4 흰깨는 불려서 껍질을 벗긴 다음 씻어 볶고, 흑임자는 깨끗이 씻어 타지 않게 볶는다.
   TIP 흰깨, 흑임자는 통깨로 사용해야 다른 경단과 함께 담았을 때 고물이 묻지 않아요.
5 카스텔라는 검은 부분을 도려내고 믹서에 갈고, 호박씨는 마른 팬에 한 번 볶은 후에 믹서에 간다.

◉ 반죽하기
6 찹쌀가루에 물과 설탕을 넣어 고루 섞는다.
7 찜통에 젖은 면 보자기를 깔고 설탕을 솔솔 뿌린 다음 6을 덩어리지게 해서 안쳐 김 오른 물솥에 올려서 20분 정도 충분히 익힌다.
8 떡 반죽기에 7의 반죽을 넣고 서로 안전히 섞일 때까지 돌린 후 기름 바른 비닐에 싸놓는다.

◉ 성형하기
9 반죽을 대추알만큼씩 떼어서 넓게 펴 3의 소를 넣고 꼼꼼하게 싼다.
10 9의 경단을 원하는 고물에 묻힌다.

현미인절미

식이섬유가 풍부하고, 노화방지에도 좋은 현미를 이용해 건강 인절미를 만들어요. 현미는 다이어트에도 좋으니 설탕 양을 조절해 만들어 밥 대신 먹어도 돼요. 현미인절미도 한 번 먹을 만큼씩 개별 포장해 얼린 뒤 꺼내 먹으면 편해요.

4인분

□ 현미 5컵
□ 소금 1큰술
□ 설탕 5큰술
□ 대추 10개
□ 호박씨 3큰술

◎ 재료 준비하기

1 현미는 깨끗이 씻어 일어 48시간 이상 충분히 불려 물기를 뺀 후 소금을 넣어 가루로 빻는다.

TIP 장시간 불려야 하니 겨울에는 2~3회, 여름에는 5~6회가량 물을 갈아주세요. 직접 빻지 않은 현미 쌀가루를 사용할 경우 쌀가루 5컵에 소금 1작은술을 넣어 반죽해요.

2 대추는 씨를 빼서 돌돌 말아 굵직하게 썰고 호박씨는 마른행주로 닦는다.

◎ 찌기

3 현미가루에 설탕과 대추, 호박씨를 고루 섞는다.

4 찜통에 젖은 면 보자기를 깔고 3을 넣어 윗면을 평평하게 안친 다음 김 오른 물솥에 올린다.

5 김이 고루 오르면 뚜껑을 덮어 20분간 찌고 5분간 뜸 들인다.

6 기름 바른 비닐을 깔고 떡을 쏟아 모양을 잡는다. 모양이 잡히면 썰어서 낸다.

밤단자

찹쌀떡에 밤소를 넣고 밤고물을 묻혀 만든 떡이에요. 옛날 궁중과 반가에서 추석 때 차례상에 올리거나, 겨울철 다과로 내놓던 고급떡입니다. 대추, 유자 등으로 다양한 단자를 만들어보세요.

2~3인분

- 찹쌀가루 2컵
- 물 1큰술
- 밤 500g
- 꿀 ¼컵
- 소금물 약간
- 소 | 밤고물 1컵, 꿀 1½큰술, 계핏가루 약간

● **재료 손질하기**

1 밤은 삶아서 뜨거울 때 껍질을 벗겨 중간체에 내려 고물을 만든다.
   TIP 치즈그라인더를 이용해 속밤만 발라낸 것을 갈아도 좋아요.

2 밤고물 1컵을 덜어서 꿀과 계핏가루를 넣어 섞은 다음 둥근 막대모양으로 만든다.

● **떡 완성하기**

3 찹쌀가루에 물을 주어 고루 섞은 뒤 찜통에 젖은 면 보자기를 깔고 덩어리지게 안친다.

4 김 오른 물솥에 올려 가루 위에 김이 고루 오르면 10분 정도 찐다.
   TIP 찹쌀가루는 양이 적으면 찌는 시간이 짧아도 잘 익어요.

5 찐 떡을 볼에 담고 소금물을 묻혀가며 방망이로 꽈리가 일도록 친다.

● **모양내기**

6 친 떡을 넓게 펴서 2의 밤소를 넣고 돌돌 만 뒤 꿀을 바른다.

7 밤톨 크기로 떼어 밤고물을 묻힌다.

Part 3
베이킹 보다 맛있는
요즘 떡

슈가아트로 모양을 낸 사탕설기, 빵이 아닌 떡으로 만든 고구마떡케이크와 초콜릿떡케이크, 팥으로 만든 무스를 얹어 맛을 낸 팥설기 등 기존의 떡과 다른 방법으로 맛과 모양을 낸 요즘 입맛에 잘 맞는 떡이에요. 떡의 기본은 충실하게 지키면서 아이디어를 더해 만들어 전통 떡을 좋아하는 어른도, 떡을 잘 먹지 않던 아이의 입맛도 모두 사로잡아요.

설탕설기

슈가아트를 이용한 퓨전 설기예요. 유명 컵케이크 카페에서 파는 것 못지않아요. 슈가아트라고 하면 어렵게 느낄 수 있지만 학창시절 점토를 하던 추억을 떠올리면서 간단한 모양을 만들면 생각보다 쉬워요.

4인분

- 멥쌀가루 5컵
- 물 7~8큰술
- 설탕 5큰술
- 알사탕 10알
- **슈가페이스트** | 슈거파우더 500g, 젤라틴 10g, 물엿 60g, 물 30g
- **플라워페이스트** | 슈거파우더 500g, cmc 10g, 젤라틴 12g, 달걀 흰자 45g, 물엿 50g
- **도구** | 무스링

○ 준비하기

1 쌀가루에 물을 부어 손으로 잘 비벼 중간체에 내린 후 설탕, 잘게 부순 알사탕 넣고 고루 섞는다.

○ 찌기

2 찜통에 시루밑을 깔고 동그란 무스링에 **1**을 넣고 고루 펴서 담은 다음 위를 평평하게 정리해 안친다.

3 식은 볼에 랩을 씌고 쌀가루를 꾹꾹 눌러 담은 다음 스크래퍼 위에 조심스럽게 빼서 **3**의 떡 위에 올려 윗부분을 봉긋하게 만든다.

4 김이 고루 오르면 약 20분 정도 뚜껑을 닫고 찐 후 약불에서 5분간 뜸 들인다. 꼬지로 찔러 흰 가루가 묻어나지 않으면 불을 꺼 떡을 완성한다.

○ 슈가페이스트

5 물엿과 물을 함께 살짝 끓이고, 불려둔 젤라틴의 물기를 꼭 짠 후에 섞는다. 이것을 슈거파우더와 함께 반죽기에 담고 저속으로 섞는다.

○ 플라워페이스트

6 물엿을 살짝 끓인 후 젤라틴을 섞는다. 여기에 슈거파우더와 cmc를 넣고 살짝 식으면 흰자를 넣어 섞는다.

TIP 사용하기 전날 미리 반죽해 1~2일 냉장 보관하면 좋아요. 한 달 정도 보관이 가능해요. 젤라틴 냄새가 싫으면 레몬즙을 추가해요.

○ 슈가아트

7 슈가페이스트와 플라워페이스트를 반반 섞어 원하는 색으로 물들인다.

8 **7**을 밀대로 밀고 모양틀로 찍은 후 떡 크기에 맞게 재단해 떡 위에 물엿을 바른 다음 덮는다.

9 노란색 페이스트로 리본 모양을 만들어 장식한다.

TIP 다양한 색 재료를 넣고 페이스트를 만들어 원하는 모양을 만들어보세요. 슈가아트가 어려우면 송편반죽이나 절편을 이용해 장식해요.

고구마떡케이크

누구나 좋아하는 달콤한 고구마를 듬뿍 넣어 만든 떡케이크예요. 찐 고구마를 멥쌀가루에 섞어 반죽을 만들고, 최상의 달콤함을 자랑하는 고구마정과를 올려 완성해요. 취향에 따라 다양한 장식을 올려보세요.

4인분

- 멥쌀가루 5컵
- 고구마 200g
- 설탕 6큰술
- 고구마(부재료용) 100g
- 거피팥고물(p.12 참고) 1컵
- **고구마정과**(p.157 참고) | 고구마 1개, 물엿 280g, 설탕 50g
- **도구** | 사각무스링

◎ 체에 내리기

1 고구마는 껍질째 30분 정도 쪄서 식힌 후 껍질을 벗겨 쌀가루에 섞은 다음 중간체에 2번 내린다.
2 고구마(부재료용)는 껍질을 벗겨 채 썰어서 설탕 1큰술과 섞는다.
3 체에 내린 쌀가루에 2의 고구마와 거피팥고물, 설탕 5큰술을 넣어 고루 섞는다.

◎ 찌기

4 찜통에 시루밑을 깔고 네모난 무스링을 올린 후 3을 안치고 위를 평평하게 정리한다.
5 김이 골고루 오르면 뚜껑을 덮어 20분 정도 찐 후 불을 줄여 5분간 뜸 들인다.
6 한 김 나간 후 물엿과 설탕에 조려 만든 고구마정과로 장식한다.

▷ 고구마정과는 p.157의 감자정과를 참고해 만들어요. 재료만 바뀔 뿐 과정은 똑같아요. 자색고구마나 호박고구마를 사용하면 다양한 색을 낼 수 있어요.

커피설기

쌀가루에 인스턴트커피를 섞은 우유를 넣어 반죽하고, 아몬드강정을 올려 장식한 커피설기. 떡을 찌는 동안 온 집안이 커피 향으로 가득차요. 커피 한 잔이 생각날 때 커피설기 한 조각 어떠세요? 커피를 다양하게 즐길 수 있는 방법 중 하나랍니다.

4인분

- 멥쌀가루 5컵
- 우유 7~8큰술
- 인스턴트커피 3큰술
- 설탕 5큰술
- 다진 아몬드 ½컵
- **아몬드강정** | 통아몬드 60g, 물 1컵, 설탕 30g, 소금 약간, 꿀 1큰술

◐ 아몬드강정 만들기

1 통아몬드를 끓는 물에 10분 정도 담가둔 다음 물 1컵과 설탕, 소금을 넣어 조리다가 꿀을 넣어 윤기나게 조린다.

TIP 호두강정(p.137)처럼 조린 후에 튀겨내도 돼요.

◐ 반죽하기

2 우유에 커피를 넣어 잘 섞는다.

3 쌀가루에 **2**를 넣어 섞고 중간체에 내린 다음 설탕과 다진 아몬드를 고루 섞는다.

TIP 통아몬드를 굵직하게 다지거나 슬라이스아몬드를 사용해도 돼요.

◐ 찌기

4 찜통에 시루밑을 깔고 반죽을 안친 뒤 윗면을 평평하게 정리한다.

5 **4**를 김 오른 물솥에 올린 뒤 쌀가루 위로 김이 고루 오르면 뚜껑을 닫아 20분 정도 찌고 불을 줄여 5분간 뜸들인다.

6 떡이 한 김 식으면 접시에 담고 아몬드강정을 올려 장식한다.

TIP 아몬드 대신 다른 견과류를 사용해도 좋으니 취향에 따라 준비해요.

팥설기

무스는 보통 베이킹할 때 많이 사용하지만, 떡에도 무스를 올려 부드러운 맛을 즐길 수 있어요. 떡과 어울리는 팥앙금무스를 만들어 색도 예쁘게 만들었어요. 어렵지 않아서 누구나 쉽게 만들 수 있어요.

4인분

- 멥쌀가루 4컵
- 찹쌀가루 1컵
- 팥앙금가루(p.16 참고) 1컵
- 물 7~8큰술
- 설탕 6큰술
- 잣·호박씨 2큰술씩

팥앙금무스 | 물 2컵, 한천가루 7g, 팥앙금(p.15 참고) 100g, 설탕 4큰술, 물엿 3큰술

◐ 무스 만들기

1. 물 2컵에 한천가루를 넣고 10분 정도 불린 후 불 위에 올려 한천이 완전히 녹을 때까지 끓인다.
2. 1에 팥앙금, 설탕을 넣고 어우러지게 조린 후 물엿을 넣어 무스가 걸쭉하게 될 때까지 식힌다.

◐ 체에 내리기

3. 쌀가루에 물과 팥앙금가루를 섞어 중간체에 내린 후 설탕, 잣, 호박씨를 넣어 골고루 섞는다.

TIP 팥앙금가루의 건조된 정도에 따라 물량을 조절하세요.

◐ 찌고 모양내기

4. 찜통에 시루밑을 깔고 떡을 안쳐 김 오른 물솥에 올려서 20분 정도 찐 후 5분간 뜸 들인다.
5. 떡이 익으면 꺼내어 완전히 식힌 후 무스띠를 두르고 떡 위에 무스를 얇게 펴 부어 굳힌다.

TIP 무스는 따뜻할 정도로 식혀서 부어야 옆면으로 새지 않아요.

팥앙금떡

호박씨와 잣이 고소하게 씹히는 달달한 팥앙금떡이에요. 팥앙금가루가 마치 초콜릿가루를 연상시키지만 더 담백하고 고소합니다. 좋아하는 차와 함께 즐거운 티타임을 보내기 제격이지요.

4인분

- 찹쌀가루 5컵
- 물 2~3큰술
- 팥앙금가루(p.16 참고) 1컵
- 설탕 5큰술
- 잣·호박씨 2큰술씩
- **고물** | 팥앙금가루(p.16 참고) 1컵
- **도구** | 굳힐 틀

◎ **체에 내리기**

1 찹쌀가루에 물과 팥앙금가루 1컵을 섞어 중간체에 내린 후 설탕, 잣, 호박씨를 골고루 섞는다.

◎ **찌기**

2 찜통에 젖은 면 보자기를 깔고 1을 손으로 쥐어 담아 덩어리지게 안친다.

3 김 오른 물솥에 찜통을 올리고 김이 고루 오르면 뚜껑을 덮어 약 20분 정도 쩐 후 약불에서 5분간 뜸 들인다.

◎ **그릇에 담기**

4 네모틀에 기름 바른 비닐을 깔고 익은 떡을 쏟은 다음 굳혀서 꺼낸다.

5 위아래에 고물용 팥앙금가루 1컵을 뿌리고 장식한다.

인절미말이

인절미 반죽을 얇게 편 다음 각종 견과류 조린 것을 올려 김밥처럼 말아 만든 색다른 떡입니다. 쫄깃한 반죽과 고소하게 씹히는 견과류가 환상의 궁합을 자랑하지요. 영양가도 많아서 아이들 간식으로도 잘 어울려요.

4인분

- 찹쌀가루 5컵
- 물 3큰술
- 설탕 2큰술
- 카스텔라 2개

- **소** | 땅콩 5큰술, 호두 6개, 대추 10개, 호박씨·통아몬드 3큰술씩
- **시럽** | 물 1컵, 물엿 4큰술, 설탕 2큰술, 소금·계핏가루 약간씩

○ 소 만들기

1 땅콩은 껍질을 벗기고 호두는 속껍질이 있는 채로 잘게 다진다. 씨를 뺀 대추와 호박씨, 통아몬드도 각각 잘게 다진다.

2 냄비에 물엿, 설탕, 물, 소금을 넣어 끓이다가 끓기 시작하면 1을 넣어 약한 불에서 서로 잘 엉길 때까지 졸인 후 계핏가루를 섞는다.

○ 고물 만들기

3 카스텔라는 검은 부분을 떼어 체에 내려 고물을 만든다.

○ 찌기

4 찹쌀가루에 물을 주어 섞은 뒤 설탕을 섞고 찜통에 면 보자기를 깔고 덩어리지게 안친다. 김 오른 물솥에 올려 20분 정도 찐다.

5 충분히 익으면 볼에 담아 방망이로 꽈리가 일도록 치거나 떡 반죽기에 5분 정도 돌린다.

○ 모양내기

6 도마에 식용유 바른 비닐을 펴고 따뜻한 인절미 덩어리를 쏟은 후 0.5cm 두께로 펴서 식힌다.

TIP 인절미는 뜨거울 때 밀어야 잘 펴져요. 식으면 잘 펴지지 않아요.

7 인절미 끝을 3cm 정도 남기고 소를 올린 다음 김밥 싸듯 동그랗게 만다.

8 카스텔라 고물을 묻혀 썰어서 완성한다.

너트설기

미국 시사 주간지 〈타임(Time)〉이 선정한 10대 건강식품인 견과류에는 탄수화물, 단백질, 지방, 비타민, 무기질 등 각종 영양소가 듬뿍 들어 있어요. 영양 덩어리 견과류를 갈아 넣어 만든 너트설기로 맛과 건강을 두루 챙겨요.

4인분

- 멥쌀가루 5컵
- 물 8~9큰술
- 코코아가루 3큰술
- 믹스너트 1컵
- 설탕 5큰술
- 아몬드강정(p.103 참고) 2개
- **하트송편** | 멥쌀가루 1컵, 딸기레진 ½작은술, 끓는 물 2큰술, 소(팥앙금, 깨+설탕, 밤 등) 약간
- **조각떡** | 멥쌀가루 1컵, 물 1큰술, 복분자레진 ½작은술

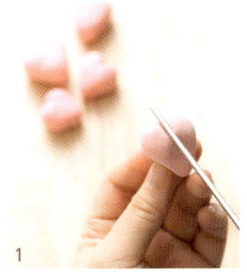

◯ 장식떡 빚기
1. 멥쌀가루 1컵에 딸기레진과 끓는 물을 넣어 반죽한 다음 소를 넣어 하트모양 송편을 빚어 찐다(p.49 참고).
2. 멥쌀가루 1컵과 물을 섞어 반죽하고, ½ 분량에 복분자레진을 섞어 두 가루를 켜켜이 안친 후 칼금을 넣어 떡을 찐다(p.27 참고).

◯ 체에 내리기
3. 믹스너트는 알맹이가 조금 남아 있을 정도로 믹서에 간다.

TIP 좋아하는 견과류를 골라 가루내서 사용해도 돼요.

4. 쌀가루에 코코아가루를 잘 섞은 다음 물을 주어 중간체에 내려 **3**의 너트가루와 설탕을 넣어 고루 섞는다.

TIP 건조한 코코아가루가 들어가기 때문에 다른 떡에 비해 물을 더 넣어야 해요.

◯ 찌기
5. 찜기에 시루밑을 깔고 **4**의 떡가루를 쏟아 넣어 위를 고르게 정리한다.
6. 김이 오른 물솥에 올려 가루 위로 김이 고루 나면 뚜껑을 닫고 20분 정도 찐 다음 약불에서 5분간 뜸 들인다.

◯ 장식하기
7. 떡을 꺼내어 식힌 다음 조각떡과 하트송편, 아몬드강정을 올려 장식한다.

TIP 너트설기는 파티나 아이들 생일에 케이크로 이용하면 좋아요.

초콜릿떡케이크

아이들이 정말 좋아하는 초콜릿떡케이크! 베이킹에 쓰이는 초코레진을 넣어 색과 맛을 내고 초콜릿을 사이에 넣어 쪄요. 아이 생일 때 만들어서 잊지 못할 추억을 만들어주세요.

4인분

- 멥쌀가루 5컵
- 초코레진 30g
- 우유 7~8큰술
- 설탕 3큰술
- 초콜릿 80g
- 코코아가루 2큰술
- 슈거파우더 1큰술

도구 | 원형틀

준비하기
1 우유에 초코레진을 고루 섞는다.
TIP 초코레진은 베이킹재료를 파는 숍이나 인터넷쇼핑몰에서 구입해요.

체에 내리기
2 쌀가루에 1을 섞어 중간체에 내린 후 설탕을 골고루 섞는다.

찌기
3 찜통에 젖은 시루밑을 깔고 원형틀에 2의 절반을 앉힌 후 초콜릿을 깔고 다시 나머지 쌀가루를 덮는다.
TIP 초콜릿은 크기가 작은 것이나 잘게 다진 것을 사용해요.

4 김이 오른 물솥에 올려 가루 위로 김이 고루 오르면 뚜껑을 닫고 20분 정도 찐 다음 불을 줄여 5분간 뜸 들인다.
5 떡이 식으면 코코아가루를 떡 전체에 뿌린다.
6 5 위에 패턴을 올리고 슈거파우더를 뿌려 장식한다.

버터설기

멥쌀가루에 버터와 물을 넣고 체에 내려 찐 떡으로 구우면 더 맛있어요. 식빵 크기로 잘라 두고 굳었을 때 토스트기에 노릇하게 구워요. 부드러운 버터향이 식욕을 자극해 없는 입맛도 살아나요.

4인분

- 멥쌀가루 5컵
- 발효버터 50g
- 물 7~8큰술
- 설탕 5큰술

도구 | 네모틀

○ **반죽하기**

1 쌀가루에 버터, 물을 섞어서 손으로 잘 비벼 중간체에 내린 후 설탕을 넣어 고루 섞는다.

TIP 기호에 따라 마늘버터나 마늘가루를 넣어 쪄서 구워 먹어도 좋아요. 쌀가루에 간이 배어 있으니 무염버터를 사용해요.

○ **찌기**

2 네모난 틀에 쌀가루를 고루 펴서 담고 위를 평평하게 정리한 다음 원하는 모양으로 칼집을 넣는다.

TIP 중간중간 구멍이 뚫린 네모난 틀을 사용해요.

3 찜통에 시루밑을 깔고 **2**를 넣은 뒤 김 오른 물솥에 올린다. 김이 고루 오르면 뚜껑을 덮고 20분 정도 찐 후 약불에서 5분간 뜸 들인다.

녹차떡케이크

푸릇푸릇한 색이 예쁜 녹차떡케이크. 멥쌀가루에 녹차가루와 우유를 넣어 쌉싸래하면서 부드러운 맛을 한껏 살렸어요. 녹차의 향긋함이 싱그러운 느낌을 줘요. 녹차케이크와 잘 어울리는 잣과 대추를 이용한 꽃장식은 한 폭의 그림 같아요.

4인분

- 멥쌀가루 5컵
- 녹차가루 2큰술
- 우유 5큰술
- 물 3~4큰술
- 잣가루 3큰술
- 설탕 5큰술
- **고명** | 잣 1작은술, 대추 2개, 호박씨 1작은술
- **도구** | 원형틀

● 준비하기
1 잣은 반으로 가르고 대추는 곱게 채 썬다.

● 체에 내리기
2 쌀가루에 녹차가루를 잘 섞은 다음 우유를 넣고 섞어서 손으로 잘 비벼 중간체에 내린다. 여기에 설탕을 넣어 고루 섞는다.

3 체에 내린 쌀가루에 곱게 다진 잣가루를 넣어 고루 섞는다.

● 찌기
4 찜통에 시루밑을 깔고 원형틀에 3을 고루 펴서 담고 위를 평평하게 정리한 다음 준비한 고명을 예쁘게 올린다.

5 김이 오른 물솥에 올린 뒤 가루 위로 김이 고루 오르면 뚜껑을 덮어 20분 정도 찌고 약불에서 5분가량 뜸 들인다.

2-1

2-2

3

4

라즈베리설기

라즈베리퓨레로 맛과 색을 낸 라즈베리설기예요. 쌀가루에 라즈베리퓨레 대신 좋아하는 과일즙을 넣어 다양하게 만들어보세요. 충전물은 퓨레 대신 잼을 이용해도 괜찮아요.

4인분

- 멥쌀가루 5컵
- 라즈베리퓨레 100g
- 설탕 5큰술
- 건크랜베리·피스타치오 약간씩
- **충전물** | 라즈베리퓨레 50g, 설탕 30g, 한천가루 3g
- **도구** | 무스링

◯ 반죽하기

1 쌀가루에 라즈베리퓨레 100g을 부어 손으로 잘 비벼 섞고 중간체에 내린 후 설탕을 넣어 고루 섞는다.

TIP 라즈베리 대신 원하는 과일즙을 준비해도 좋아요.

◯ 충전물 만들기

2 라즈베리퓨레 50g과 설탕, 한천가루를 냄비에 담고 걸쭉하게 끓여 식힌다.

TIP 크랜베리퓨레, 블루베리퓨레, 과일즙 등을 이용하면 다양한 색과 맛을 낼 수 있어요.

◯ 찌기

3 찜통에 시루밑을 깔고 작은 무스링을 올린 후 라즈베리쌀가루 ½을 넣고 충전물을 담는다.

4 남은 라즈베리쌀가루를 넣고 윗면을 평평하게 정리한다.

5 김이 오른 물솥에 찜통을 올린 다음 김이 고루 오르면 20분 정도 찌고 불을 줄여 5분간 뜸 들인다.

6 건크랜베리와 피스타치오를 올려 장식한다.

1

3

4

간편 증편

팽창제인 기주분을 이용해 발효가 필요 없는 간편 증편. 다양한 종류의 막걸리와 와인으로 색다른 맛을 내거나 과즙이나 퓌레를 이용해서 다양한 색을 낼 수도 있어요. 만들기도 쉬우니 기호에 맞게 만들어보세요.

4인분

- 멥쌀가루 5컵
- 막걸리 ¾컵
- 레드와인 ¾컵
- 기주분 35g
- 설탕 100g
- 대추 1개
- 식용유 약간

도구 | 증편틀 또는 소주잔

● 준비하기
1 대추는 씨를 빼고 밀대로 밀어서 꽃모양틀로 찍는다.

● 반죽하기
2 막걸리와 와인을 섞은 다음 기주분을 넣어 잘 섞는다.

TIP 기주분은 팽창을 돕는 베이킹파우더의 한 종류로, 베이킹재료 숍이나 온라인쇼핑몰에서 구입할 수 있어요.

3 쌀가루에 2와 설탕을 넣어 멍울 없이 고루 섞는다.

● 찌기
4 잘 섞은 반죽을 기름칠한 방울증편틀의 70~80% 정도까지 채운다.

TIP 틀이 없을 때는 종이로 된 소주잔을 이용해도 좋아요.

5 찜통에 넣고 김 오른 물솥에 올린 다음 약불에서 5분, 센불에서 10분 정도 찐 후 불을 끄고 5분간 뜸 들인다.

6 한 김 나간 후 윗면에 식용유를 바르고 대추고명을 올린다.

건과일찰떡

찌는 떡이 식상할 때 오븐에 굽는 건과일찰떡을 만들어요. 찹쌀가루에 우유, 달걀을 넣어 반죽하고 그 위에 꿀소스와 다양한 건과일을 올려 맛있게 구워요. 원하는 식감에 따라 시간을 조절해서 구워 드세요.

4인분

- 찹쌀가루 5컵
- 우유 1컵
- 물엿 50g
- 달걀노른자 20g
- **꿀소스** | 꿀 100g, 흑설탕 30g, 식용유 3g
- **고명** | 호두 · 건크랜베리 50g씩, 호박씨 30g

재료 손질하기

1 호두는 반으로 자르거나 통째로 준비한다.

TIP 고명 재료는 다른 견과류를 활용하고, 취향에 따라 양을 조절해요.

2 냄비에 꿀소스 재료를 모두 넣고 설탕이 녹을 정도로 살짝 끓여서 식힌다.

TIP 볼에 모든 재료를 넣고 고루 섞은 다음 전자레인지에 40초간 돌려서 만들어도 돼요.

반죽하기

3 볼에 찹쌀가루, 우유, 물엿, 노른자를 넣고 고루 섞는다.

TIP 시판되는 건식 찹쌀가루를 사용할 땐 쌀가루와 동량으로 우유를 첨가해서 수분을 조절해요.

4 오븐팬에 종이포일을 깐 후 반죽을 1.5~2cm 높이까지 오도록 담는다.

5 4의 위에 호두, 크랜베리, 호박씨를 얹어 장식한 후 꿀소스를 고루 뿌린다.

굽기

6 180℃로 예열한 오븐에 30분간 구운 뒤 망 위에 꺼내 한 김 식힌다.

TIP 바삭한 것을 좋아하면 40분, 부드러운 질감을 원하면 25분 정도 구워요.

LA영양찰떡

겉은 바삭하고 속은 쫀득쫀득 부드러운 영양찰떡이에요. 완두배기, 팥, 콩과 호두, 아몬드를 가득 넣어 씹는 재미가 있어요. 베이킹 보다 만들기 쉽고 맛과 건강에도 좋은 영양찰떡을 구워보세요.

4인분

- 찹쌀가루 5컵
- 베이킹파우더 2작은술
- 베이킹소다 1작은술
- 설탕 60g
- 우유 1컵
- 생크림 ¼컵
- 모둠콩(완두배기·팥 등을 섞은 것) 1컵
- 호두(다진 것) 1컵
- 슬라이스아몬드 50g
- **도구** | 원형팬

◯ 반죽하기

1 찹쌀가루와 베이킹파우더, 베이킹소다, 설탕을 섞어 체에 내린다.

2 1에 모둠콩, 다진 호두를 넣고 우유와 생크림을 부어 잘 섞는다.

TIP 우유와 생크림 양은 기호에 따라 조절해도 좋아요.

◯ 굽기

3 원형팬에 기름을 바르고 반죽이 틀 높이의 ⅔정도로 오도록 담는다.

TIP 팬이 없을 때는 포일도시락 2개에 나누어 구워요.

4 3의 반죽에 슬라이스아몬드를 뿌린다.

5 180℃로 예열한 오븐에서 40분간 굽는다.

TIP 오븐 종류에 따라 익는 정도가 다를 수 있으니 시간을 ±10분 정도 조절해요.

찹쌀팬케이크

찹쌀반죽을 노르스름하게 지져 만드는 찹쌀팬케이크예요. 견과류를 달게 조려서 소를 만들어 넣고 반달처럼 접어서 만들어요. 찜통에 찔 필요가 없이 팬에 구워서 간단하게 만들 수 있어요.

2~3인분

- 찹쌀가루 3컵
- 끓는 물 5~6큰술
- 식용유 적당량
- 설탕(또는 꿀) 약간
- 소 | 밤 5개, 대추 10개, 아몬드 3큰술, 호박씨 1큰술, 호두 6개, 물 ½컵, 황설탕 2큰술, 물엿 1큰술, 소금 약간, 꿀 ½큰술, 계핏가루 약간

◎ 소 만들기

1 밤, 대추, 아몬드, 호박씨, 호두는 굵게 다진다.
2 냄비에 물, 황설탕, 물엿, 소금을 넣고 끓이다가 끓어오르면 1을 넣고 국물이 없어질 때까지 조린 다음 꿀과 계핏가루를 넣는다.

◎ 반죽하기

3 찹쌀가루에 끓는 물을 넣고 익반죽한 다음 고루 치대 매끄럽게 만든다.
4 찹쌀반죽을 떼어 지름 5cm 크기로 동그랗고 두툼하게 모양을 만든다.

◎ 지지기

5 달군 팬에 기름을 두른 후에 4를 넣고 은은한 약불에서 속까지 익도록 지진다.
6 익은 떡 위에 2의 소를 넣고 반으로 접는다.
7 접시에 설탕을 뿌리고 익힌 떡을 담아낸다.

Part 4

달콤하게 즐기는
우리식 과자

우리나라 전통의 과자 한과는 찹쌀가루, 밀가루, 과일, 계피, 꿀 등과 같은 재료를 이용해 만든 먹을거리예요. 우리 과자는 떡만큼 일 년 열두 달 영양이 풍부한 제철 재료로 만들어 즐긴 지혜로운 음식이에요. 가끔은 시중에서 파는 과자 대신 전통 과자인 한과를 만들어 심심한 입을 달래보세요.

감사히 나누어 먹는 풍습, 한과(우리 과자)

한과는 제사 때나 혼인 이바지 등 전통 의례와 명절과 같은 특별한 날의 음식으로 쓰이고 있습니다. 최근에는 젊은층에 이르기까지 옛것에 대한 관심이 폭넓게 확산되면서 먹거리에서도 전통 한과에 대한 관심이 높아지고 있습니다. 특히, 최근에는 건강에 대한 관심이 높아지면서 밀가루와 설탕을 주재료로 하는 빵이나 케이크보다, 찹쌀과 꿀, 잣, 호두, 깨 등을 재료로 만든 전통 과자류가 몸에 좋다는 인식으로 주목받고 있습니다.

한과의 종류

(1) 유과(油果)

강정이라고도 하며, 지방에 따라 '과즐' 또는 '산자'라고도 부릅니다. 찹쌀을 물에 오래 담가 골마지가 끼도록 삭혀서 씻은 후, 빻아서 술과 날콩물을 넣어 반죽합니다. 그리고 쪄낸 떡을 꽈리가 일도록 오래 치대어서 얇게 반대기를 지어서 용도에 맞게 썰어서 말립니다. 이 말린 강정 바탕을 낮은 온도의 기름을 넣어 일구어서 꿀물에 담갔다 건져서 고물을 묻힙니다. 강정의 명칭은 모양과 고물에 따라 달라집니다.

(2) 유밀과(油蜜果)

대표적인 것은 약과(藥果)와 매작과가 있습니다. 약과는 밀가루에 참기름, 꿀, 술, 생강즙 등을 넣어 반죽하여 기름에 튀겨 내어 꿀에 집청해서 만듭니다. 모양에 따라 대약과, 소약과, 다식과, 만두과, 모약과, 매작과, 차수과, 요화과 등이 있습니다. 고려시대 문헌에 유밀과가 많이 등장하는데, 이는 밀가루에 꿀을 섞어서 반죽하여 일정한 모양으로 만들어 기름에 익히고 이를 꿀로 집청한 것입니다.

(3) 숙실과(熟實果)

한자 뜻 그대로 과일을 익혀서 만든 과자로 밤초, 대추초, 율란, 조란, 강란 등이 있습니다. 원래 모양대로 꿀에 조린 것은 초(炒)를 붙이고, 재료를 다져서 꿀로 반죽하여 원래의 모양으로 한 것은 난(卵)을 붙였습니다.

(4) 과편(果片)

단맛이 나는 묵이라고 하여 단묵이라고도 하며 신맛이 많은 앵두, 모과, 살구, 산딸기, 오미자 우린 물 등의 과즙에 꿀, 녹말 등을 넣어 조려서 그릇에 부어 묵처럼 굳힌 다음 네모지게 썬 것으로 서양의 젤리와 비슷합니다. 생률이나 생과와 어울려 담았습니다. 오미자 우린 국물을 조려서 굳힌 오미자편도 있습니다.

(5) 다식(茶食)

다양한 곡물가루, 미숫가루, 한약재, 꽃가루 등을 꿀로 반죽하여 덩어리를 만들어 다양한 모양의 다식판에 넣어 박아낸 것입니다. 다식판에는 壽·福·强·寧 등 건강과 복을 염원하는 문양이 많습니다.

(6) 정과(正果)

식물의 뿌리나 열매를 꿀이나 엿에 쫄깃쫄깃하고 윤이 나게 조린 과자를 전과(煎果)라고도 합니다. 재료로는 유자, 모과, 생강, 도라지, 연근, 인삼, 동아, 복분자, 배, 두충, 박고지, 무 등이 쓰입니다. 재료의 종류에 따라 조리는 법, 쪄서 말리는 법, 설탕에 절여 말리는 법 등 다양합니다.

(7) 엿강정

깨, 콩, 호두, 잣, 땅콩 등의 종실이나 견과류, 쌀밥이나 찹쌀밥을 말렸다가 튀긴 것 등을 엿, 설탕, 물엿 등을 끓여 만든 시럽에 버무려서 굳힌 과자입니다.

(8) 엿

멥쌀, 찹쌀, 수수, 옥수수 등의 곡물을 익혀서 엿기름물로 삭혀서 솥에 담아 오랫동안 조려서 만듭니다. 한과를 만들기 위한 기본재료가 되는 것으로, 요즘은 물엿과 조청을 대신하여 쓰이기도 합니다.

개성약과

아이들도 좋아하는 약과는 유밀과의 대표적인 과자입니다. 밀가루에 꿀과 참기름을 섞어 반죽해서 만들지요. 요즘에는 간식으로 즐길 정도로 흔하지만 예전에는 사치스러운 고급 과자로 여겨졌어요.

5~6인분

- 밀가루 200g
- 고운 소금 ½작은술
- 후춧가루 약간
- 참기름 38g
- 설탕시럽(또는 꿀, 올리고당) 50g
- 소주 40g
- 대추·잣·호박씨 1작은술씩
- 식용유 적당량

- **설탕시럽** | 설탕 1컵, 물 1컵, 물엿(또는 꿀) 1큰술
- **조청시럽** | 조청물엿 2컵, 물 ½~⅔컵, 생강(저민 것) 20g

TIP 약과는 저울로 정확하게 계량해서 만드는 것이 중요해요.

◐ 시럽 만들기

1 설탕 1컵에 물 1컵을 섞어 끓이다가 끓어오르면 약불로 10분 동안 더 끓인 다음 물엿을 넣어 식혀서 설탕시럽을 만든다.

2 조청물엿에 물과 생강을 넣어 약불에서 5분간 끓이고 식혀서 조청시럽을 만든다.

TIP 조청시럽은 센불에서 끓이다가 끓어오르면 거품이 넘치지 않도록 바로 불을 줄여요.

◐ 반죽하기

3 밀가루에 소금과 후춧가루, 참기름을 넣어 고루 비빈 후 체에 내린다.

4 정량의 설탕시럽과 소주를 섞은 후 **3**에 넣어서 가루가 보이지 않도록 섞어 한 덩어리를 만든다.

TIP 소주 대신 막걸리나 청주, 와인을 넣어도 돼요.

◐ 모양내기

5 반죽을 반으로 자르고 겹쳐 눌러 한 덩어리로 만들고 다시 잘라 겹치기를 2~3번 반복한다.

6 **5**를 0.8cm 두께로 밀어 쿠키틀로 찍은 뒤 가운데를 포크로 찌른다.

TIP 포크로 찔러야 속까지 잘 익어요.

◐ 튀기기

7 110℃의 기름에 **6**을 넣어 위로 떠올라 켜가 일어나게 튀기고 다시 140~160℃의 기름에 갈색이 나도록 튀긴다.

8 튀겨낸 약과를 조청시럽에 담가 선셔서 대추, 잣, 호박씨를 고명으로 올린다. 고명대신 잣가루를 뿌려도 좋다.

이색 매작과

매작과는 '매화나무에 앉은 작은 참새 모양'이란 뜻이에요. 매잣과, 매잡과, 매엽과, 타래과 등 여러 이름으로 불리며 고급 한과에 속한답니다. 밀가루에 생강가루와 천연색소를 넣어 알록달록하게 만들어요.

7~8인분

- **설탕시럽** | 설탕 1컵, 물 1컵, 물엿(또는 꿀) 1큰술, 계핏가루 ¼작은술
- **치자 매작과** | 밀가루 ½컵, 소금 ¼작은술, 생강가루 1작은술, 치자물(p.18 참고) ½~1큰술, 물 1½~2큰술
- **생강 매작과** | 밀가루 ½컵, 소금 ¼작은술, 생강가루 1작은술, 물 1½~2큰술
- **녹차 매작과** | 밀가루 ½컵, 소금 ¼작은술, 녹차가루 ½작은술, 생강가루 1작은술, 물 1½~2큰술
- **백년초 매작과** | 밀가루 ½컵, 소금 ¼작은술, 백년초가루 ⅓작은술, 생강가루 1작은술, 물 1½~2큰술
- **흑임자 매작과** | 밀가루 ½컵, 소금 ¼작은술, 흑임자가루 1큰술, 생강가루 1작은술, 물 1½~2큰술

○ 시럽 만들기
1 설탕에 물을 섞어 끓이다가 끓어오르면 약불로 10분 동안 더 끓인 다음 물엿을 넣는다.
2 1을 식힌 후에 계핏가루를 넣고 잘 젓는다.

○ 반죽하기
3 준비한 밀가루에 정량의 소금, 생강가루, 백년초가루와 녹차가루 등의 가루를 각각 넣어 체에 내린다.
4 체에 내린 각각의 가루에 정량의 치자물과 물을 넣어 말랑하게 반죽을 만든다.

○ 모양내기
5 색깔이 다른 두 개의 반죽을 앞뒤로 포갠 뒤 0.2cm 두께로 얇게 밀어 편다.
6 길이 5cm, 폭 2cm로 잘라서 사진처럼 세 군데에 칼집을 넣는다.
7 가운데 칼집 사이를 벌려 반죽 한쪽 끝을 넣어 한 번 뒤집는다.

○ 마무리
8 모양낸 매작과를 160℃로 예열한 기름에 넣어 튀겨 건져서 기름을 뺀다.

TIP 너무 센불에서 튀기면 색이 금방 갈색으로 변해요.

9 8을 시럽에 담갔다가 건져 망에 올려 여분의 시럽을 뺀다. 이어서 한 번 더 튀기면 오랫동안 바삭함을 유지해 선물할 때 좋다.

TIP 바로 먹지 않아 눅눅해진 매작과는 다시 튀겨요.

호두강정

호두를 뜨거운 물에 불려 설탕시럽에 조린 후 기름에 튀겨낸 달달한 호두강정이에요. 불포화지방산이 풍부한 호두는 두뇌건강은 물론 피부에도 좋아요. 아이와 엄마가 같이 즐기기에 좋은 과자예요.

4~5인분

- 호두 60g
- 물 1컵
- 설탕 30g
- 소금 약간
- 꿀 ½큰술
- 식용유 적당량

○ 손질하기
1 호두는 뜨거운 물에 10분 정도 담가둬 쓴맛을 제거한다.

○ 조리기
2 냄비에 1의 호두와 물, 설탕, 소금을 넣고 끓인다.
3 약불로 끓여 물이 반 정도로 줄면 꿀을 넣어 윤기나게 조린다.
4 체에 밭쳐 남은 시럽을 제거한다.

○ 튀기기
5 조린 호두를 150℃로 예열한 기름으로 갈색이 나게 튀긴다.

TIP 설탕에 조렸기 때문에 불이 세면 금방 갈색이 되니 중온의 기름에 서서히 튀겨야 해요.

양갱

말랑말랑 달콤한 양갱은 한천을 물에 불려 설탕과 팥앙금을 넣고 조린 후 굳힌 과자예요. 자주 접하는 것은 붉은팥양갱이죠. 거피팥앙금을 넣으면 하얀색 양갱을, 흰팥앙금에 녹찻물이나 완두앙금을 넣으면 녹색의 양갱을 만들 수 있어요.

4~5인분

▫ **붉은팥양갱** | 마른 한천 4g, 물 1컵, 설탕 50~75g, 붉은팥앙금 (p.15 참고) 100g, 소금 약간, 물엿 10g

▫ **녹차양갱** | 마른 한천 4g, 물 1컵, 설탕 50~75g, 거피팥앙금(p.15 참고) 100g, 소금 약간, 녹찻물(녹차가루 1작은술＋물 1작은술), 물엿 10g

▫ **도구** | 굳히는 틀

○ **한천 녹이기**

1 한천은 물에 2시간 이상 불려 깨끗이 씻어 체에 건져 물기를 뺀다.
2 냄비에 불린 한천과 물을 넣고 끓인다.
3 한천이 완전히 녹으면 설탕을 넣고 다 녹을 때까지 끓인 뒤 고운체에 거른다.

○ **끓이기**

4 3의 한천을 반으로 나눠 냄비에 붉은팥앙금, 소금과 함께 넣고 주걱으로 저으면서 끓인다.
5 거품이 나면 눌어붙지 않게 주걱으로 저으면서 약불에 15분가량 더 끓인다.
6 불에서 내리기 전에 물엿을 넣고 고루 저으면서 끓인다.
7 남은 한천은 냄비에 거피팥앙금, 소금을 넣고 위와 같이 끓이다가 마지막에 녹찻물과 물엿을 넣는다.

TIP 거피팥앙금은 p.15의 붉은팥앙금 만드는 법을 참고해서 만드세요. 붉은팥 대신 거피팥을 사용하면 돼요.

○ **굳히기**

8 그릇 안쪽에 물을 바른 다음 붉은팥양갱을 부어 실온에서 윗면이 약간 단단해질 때까지 굳힌 후 녹차양갱을 부어 굳힌다.

TIP 굳힐 때 통조림밤 또는 밤초를 넣어도 좋아요.

9 양갱이 완전히 굳으면 모양틀로 찍어 빼낸다.

TIP 붉은팥양갱을 먼저 틀에 부어 굳히는 시간에 녹차양갱을 만들어 부으면 색이 섞이지 않아요.

견과류강정

쉽게 구할 수 있는 여러 가지 견과류를 이용한 과자예요. 다진 견과류를 마른 팬에 볶은 후 설탕시럽을 넣어 버무려 바삭하게 굳혀 만들어요. 심심한 입을 달래기에 알맞은 간식거리랍니다.

4~5인분

▫ 땅콩·피스타치오·통아몬드·
  해바라기 씨 ¼컵씩
▫ 대추 3개
▫ 시럽 3큰술
▫ 식용유 약간

▫ **시럽** | 물엿 140g, 설탕 85g, 물
  1½큰술, 소금 약간

● 손질하기
1 땅콩, 피스타치오, 통아몬드, 해바라기 씨를 굵게 다진다.
2 1을 체에 쳐서 고운 가루는 털어낸다.

● 시럽 만들기
3 냄비에 물엿, 설탕, 물, 소금을 넣고 끓인 뒤 굳지 않도록 중탕한다.
TIP 더울 때는 설탕 양을 늘리고, 추울 때는 설탕 양을 줄여요.

● 버무리기
4 2의 견과류를 넣고 팬에 볶아 따뜻하게 한 후 3의 중탕한 시럽을 넣어 버무린다.
TIP 다진 견과류는 마른 팬에 볶아야 고소한 맛을 살릴 수 있어요.

● 모양내기
5 4를 식용유 바른 비닐에 싸서 네모나게 모양을 잡고 평평하게 민다.
6 평평해진 5를 먹기 좋은 크기로 썬다.

방울쌀강정

한입에 쏙쏙 들어가도록 경단 크기로 둥글게 모양을 낸 방울쌀강정. 쌀을 삶고, 말고, 튀기는 등 손이 많이 가지만 그만큼 정성이 가득 들어가요. 녹차가루, 치자물 등 넣는 재료에 따라 여러 가지 색과 맛을 낼 수 있어요.

8~10인분

- 멥쌀 2컵
- 소금물 적당량
- 식용유 5컵
- **노란색 강정** | 튀긴 쌀 2컵, 치자물(p.18 참고) ½큰술, 유자(다진 것) ¼개분, 시럽 3큰술
- **연두색 강정** | 튀긴 쌀 2컵, 녹차가루 ½작은술, 물 1작은술, 시럽 3큰술
- **붉은색 강정** | 튀긴 쌀 2컵, 백년초가루 ¼작은술, 물 ½작은술, 대추 3개, 시럽 3큰술
- **갈색 강정** | 튀긴 쌀 2컵, 커피가루 ½작은술, 끓는 물 ½작은술, 아몬드 2큰술, 시럽 3큰술
- **시럽** | 설탕 85g, 물엿 140g, 물 1½큰술

○ 쌀 튀기기

1. 멥쌀을 5시간 동안 불려 4배의 물을 붓고 끓인다. 물이 끓어오르면 15분가량 더 삶아 손으로 으깨질 정도로 삶는다.
2. **1**을 맑은 물이 나올 때까지 헹구고 소금물에 5분간 담근 뒤 바짝 말린 후 밀대로 밀어 쌀을 낱알로 떨어뜨린다.
3. **2**를 망에 넣어 200℃의 기름에 알알이 튀겨낸 다음 기름기를 없앤다.

TIP 찬밥을 물에 담가 여분의 전분기를 빼고, 소금물에 담갔다가 말려서 튀겨도 좋아요.

○ 부재료 만들기

4. 녹차가루, 백년초가루, 커피가루는 끓는 물에 갠다. 아몬드와 씨를 발라낸 대추는 굵게 다진다.
5. 냄비에 설탕, 물엿, 물을 담고 끓여 설탕이 녹을 때까지 끓인 다음 식지 않게 중탕한다.

○ 모양내기

6. 팬에 시럽 3큰술을 넣어 약불에서 끓이다가 시럽이 끓으면 치자물과 다진 유자를 넣고, 튀긴 쌀을 넣어 골고루 버무린다.
7. **6**과 같이 각각 분량의 재료를 넣고 튀긴 쌀을 넣어 골고루 버무린다. 한꺼번에 많이 버무리면 안 된다.
8. 시럽과 튀긴 쌀이 한 덩어리로 잘 어우러지면 식지 않도록 중탕한다.
9. 기름 바른 장갑을 끼고 뜨거울 때 동그랗게 모양을 잡는다.

깨엿강정

볶은 깨를 시럽에 버무려 굳힌 과자예요. 명절에 차례상에 올리거나 지인을 위한 선물용으로 좋아요. 깨의 고소함과 오래 남는 달콤함이 매력적인 한과예요. 영양학적으로도 우수하답니다.

4~5인분

- 흰깨 · 검은깨 1컵씩
- 식용유 약간
- **시럽** | 물엿 ½컵(140g), 설탕 ½컵(85g), 물 1½큰술, 소금 약간, 대추 · 잣 · 호박 1작은술씩

○ 깨 볶기

1 흰깨는 씻어 일어 1시간 이상 불려 믹서에 넣고 물을 자작하게 부어 순간 동작으로 껍질이 벗겨질 때까지 돌린다.
  TIP 양이 많을 때는 불린 깨를 면 주머니에 넣어 뜨거운 물에 잠깐 담갔다가 꺼내 방망이로 두드려 껍질을 벗겨요.

2 사진처럼 체에 내려 껍질은 버리고 남은 깨만 물기를 뺀 후 볶아 사용한다.
  TIP 껍질을 벗겨 볶는 과정이 번거로우면 시판용 볶은 깨를 써요.

3 검은깨는 씻어 일어 물기를 뺀 후 타지 않도록 볶는다.

○ 고명 · 시럽 만들기

4 대추는 씨를 발라내어 채 썰고, 잣은 반으로 갈라 비늘 잣을 만든다. 호박씨는 반으로 가른다.

5 냄비에 물엿, 설탕, 물, 소금을 넣고 끓인 뒤 굳지 않도록 중탕한다.
  TIP 계절에 따라 더울 때는 설탕 양을 늘리고, 추울 때는 설탕의 양을 줄여요.

○ 버무리기

6 팬에 각각의 깨를 담아 따뜻하게 볶은 다음 시럽을 3~4큰술씩 넣어 약불에서 볶는다. 사진처럼 실이 많이 보이고 한 덩어리가 될 때까지 버무린다.

○ 펴기

7 엿강정틀에 식용유 바른 비닐을 깔고 버무린 깨가 식기 전에 쏟아 밀대로 얇게 편다.

8 딱딱하게 굳기 전에 칼로 자른 뒤 시럽을 바르고 고명으로 장식한다.

채소칩

채소와 과일의 영양을 그대로 섭취할 수 있는 채소칩이에요. 좋아하는 채소와 과일 등 제철에 맞는 재료로 만들어 맛있는 홈메이드 간식을 즐겨요. 아이들에게도 과자 대신 건강한 채소칩을 권해보세요.

4~5인분

- 연근 · 단호박 100g씩
- 고구마 1개
- 수삼 1뿌리
- 사과 1개
- 식초 · 소금 약간씩
- **시럽** | 물 2½컵, 설탕 150g

시럽 만들기
1 물과 설탕은 10:3의 비율로 냄비에 담고 물이 끓어오르면 바로 불을 끄고 식힌다.

재료 손질하기
2 껍질 벗긴 연근, 단호박, 고구마, 수삼을 얇게 썬다.
3 모두 찬물에 담가 전분기를 뺀 뒤 연근은 식초물에 데치고, 나머지는 끓는 물에 소금을 넣고 살짝 데쳐 찬물에 헹군다.

시럽 묻히기
4 식힌 시럽에 손질한 재료를 모두 넣고 5분 정도 담가 시럽을 고루 묻힌다.
5 4의 재료를 건져서 체에 받쳐 여분의 시럽을 뺀다.

말리기
6 햇볕이나 바람이 잘 통하는 곳에서 바싹 말린다.

TIP 건조기의 최고 높은 온도에서 빨리 말리거나 오븐의 낮은 온도에서 말려도 괜찮아요.

밤초

시중에 파는 맛밤과 많이 닮은 밤초는 밤을 삶아 설탕과 물엿을 넣고 조려낸 한과예요. 밤초의 '초'는 윤기나게 조린 것을 의미하며 밤초 외에도 대추초가 있어요. 식혜나 수정과에 곁들이면 맛이 잘 어울려요.

4~5인분

- 밤(중간 크기의 껍질 벗긴 것) 약 15개(200g)
- 물 2컵
- 백반가루 ¼작은술
- 잣가루 1작은술

- **백반가루** | 명반 1큰술

- **시럽** | 물 1½컵, 설탕 100g, 소금 약간, 치자물(p.18 참고) 1큰술, 물엿 2큰술, 꿀 1큰술

🟢 **백반가루 만들기**

1 명반을 알루미늄 포일에 얹어 구운 뒤 식혀서 빻아 가루로 만든다.

🟢 **데치기**

2 물 2컵에 백반가루 ¼작은술을 넣어 끓인 다음 밤을 데쳐내어 헹군다.

TIP 백반가루를 녹인 물에 밤을 데치면 조직이 단단해져 쉽게 부서지지 않아요.

🟢 **조리기**

3 냄비에 물, 설탕, 소금, 치자물을 섞어 끓이다가 물이 끓어오르면 2의 밤을 넣어 중불에서 끓인다.

4 끓이면서 거품은 걷어내고 물기가 반쯤 줄었을 때 물엿을 넣어 졸인다.

5 거의 졸았을 때 꿀을 넣어 맛을 낸 다음 망에 밭쳐 여분의 시럽을 제거한다.

6 그릇에 담고 잣가루를 뿌린다.

더덕·도라지정과

더덕과 도라지를 먹지 않는 아이에게 만들어주세요. 설탕과 물엿을 넣고 조려서 달달한 맛에 아이들도 잘 먹어요. 더덕정과는 통째로 조렸기 때문에 한 개씩 개별 포장하면 명절 선물로도 손색없어요.

더덕정과

7~8인분

- 더덕(껍질 벗긴 것) 1kg
- 물엿 1kg
- 설탕 150g
- 꿀 150g

◯ 손질하기

1 더덕은 끓는 물에 넣어 4분 정도 삶는다.

TIP 더덕은 깨끗이 씻어서 끓는 물에 넣고 5분 정도 삶으면 껍질을 쉽게 벗길 수 있어요.

◯ 조리기

2 냄비에 물엿을 넣고 설탕을 넣은 후 그 위에 삶아서 껍질 벗긴 더덕을 얌전히 얹고 더덕이 잠길 정도의 물을 붓는다.

3 중불에서 2를 끓이다가 물이 끓기 시작하면 불을 약하게 줄여서 3~4시간 졸인다.

4 거의 졸여지면 꿀 75g을 넣어 상태를 보다가 연한 갈색이 될 때 불을 끈다.

5 4의 내용물이 식으면 불을 다시 켜서 조리고 식히기를 여러 번 반복한다. 불 위에서 계속 조리면 물엿이 딱딱해지므로 시럽이 배도록 식히면서 시간을 준다.

TIP 처음과 끝의 시럽의 점도가 같도록 물을 넣어 조절하세요.

6 거의 조려졌을 때 나머지 꿀을 넣고 잠깐 더 조린 후 건져서 체에 받쳐 시럽을 뺀다.

◯ 말리기

7 6을 평평한 채반에 널어서 꾸덕꾸덕하게 건조시킨 다음 설탕을 묻힌다.

도라지정과

7~8인분

- 통도라지(다듬은 것) 200g
- 설탕 100g
- 물엿 2큰술
- 꿀 1큰술
- 소금 약간

○ 재료 손질하기

1 통도라지는 4cm 길이로 잘라 굵은 것은 4등분하고 가는 것은 2등분한다.

2 자른 도라지를 소금으로 주물러 쓴맛을 뺀다.

3 끓는 물에 소금을 넣고 도라지를 넣어 물이 끓어오를 때까지 데쳐 찬물에 헹군다.

TIP 너무 오래 삶으면 도라지가 물컹해지니 살짝만 삶아주세요.

○ 조리기

4 냄비에 도라지와 설탕, 소금을 넣고 도라지가 잠길 정도의 물을 부어 끓인다.

5 끓기 시작하면 물엿 1큰술을 넣은 다음 약불에서 투명한 색이 나도록 서서히 졸인다.

6 물기가 거의 없어지면 나머지 물엿을 넣고 조리다가 거의 마지막 꺼내기 직전에 꿀을 넣어 윤기를 낸다.

○ 말리기

7 6의 도라지를 체에 받쳐 남은 단물을 없앤다.

사과 · 감자 · 무정과

사과는 쪄서 설탕에 무쳐 말리고, 무는 얇게 썰어 설탕에 절여요. 그리고 감자는 얇게 썰어 데친 후 물엿과 설탕을 넣어 끓인 시럽에 담가서 만들어요. 재료에 따라 방법이 조금씩 달라요. 사과, 감자, 무정과는 떡케이크를 장식할 때 유용하답니다.

사과정과

2~3인분

- 사과(홍옥) 1개
- 소금물(물 2컵+소금 1작은술)
- 설탕 1컵

◎ 손질하기
1. 홍옥은 껍질째 깨끗이 씻어 반으로 자른 후 씨를 도려내고 0.3~0.5cm 두께로 썬다.
2. 썬 홍옥을 소금물에 잠깐 담근다.

◎ 찌기
3. 김이 오른 찜통에 **2**를 넣고 3~5분 정도 찐다.

> TIP 두께에 따라 찌는 시간이 달라져요. 예를 들어 0.3cm로 잘랐다면 3분 정도 찌면 돼요.

◎ 말리기
4. 사과를 다 찌면 바로 설탕 묻힌 다음 채반에 널어 말린다.
5. 마르면서 설탕이 녹으면 설탕을 묻혀 다시 말리기를 반복한다.
6. 다 마르면 밀봉해 보관한다.

감자정과

2~3인분

- 감자 1개
- 소금 약간
- **시럽** | 물엿 280g, 설탕 60g

◯ 손질하기
1 감자는 껍질째 깨끗이 씻어 얇게 썰어 찬물에 담가 전분기를 뺀다. 끓는 물에 소금을 넣고 감자를 데친 후 채반에 놓아 물기를 없앤다.

◯ 시럽 만들기
2 냄비에 물엿, 설탕을 넣고 설탕이 녹도록 센 불에서 끓인다. 이때 백년초, 치자물 등 색소를 넣어 물들인다.

TIP 설탕과 물엿을 비율은 여름 2:5, 봄·가을 1:3, 겨울 1:5로 계절에 따라 조절해요.

◯ 담그기
3 데친 감자를 시럽에 30분 이상 담가둔다.
4 완성된 정과는 체에 밭쳐 남은 시럽을 뺀다.
5 색소를 넣어 감자정과를 만들었다면 사진처럼 겹겹이 말아 꽃모양을 만든다.

무정과

2~3인분

- 무 200g
- 설탕 100g
- 코치닐색소(또는 백년초가루) 1작은술
- 물 1컵
- 물엿 약간

● 조리기
1 무는 0.3cm 두께의 반달모양으로 썬다.
2 1의 무를 볼에 담고 설탕을 적당량 넣어 완전히 녹을 때까지 절인다.
3 2의 무에 다시 설탕을 넣고 절이기를 3회 반복한 다음 마지막에 코치닐색소를 탄 물을 부어 버무린다.

TIP 물엿을 같이 넣어 버무리면 정과에서 윤기가 나요.

● 말리기
4 3의 무를 채반에 널어 건조한 곳에서 꾸덕꾸덕하게 말린다.

● 모양내기
5 핑킹가위로 무정과의 가장자리를 잘라 모양을 낸다.
6 모양을 낸 무정과를 여러 장 겹쳐 카네이션을 만든다.

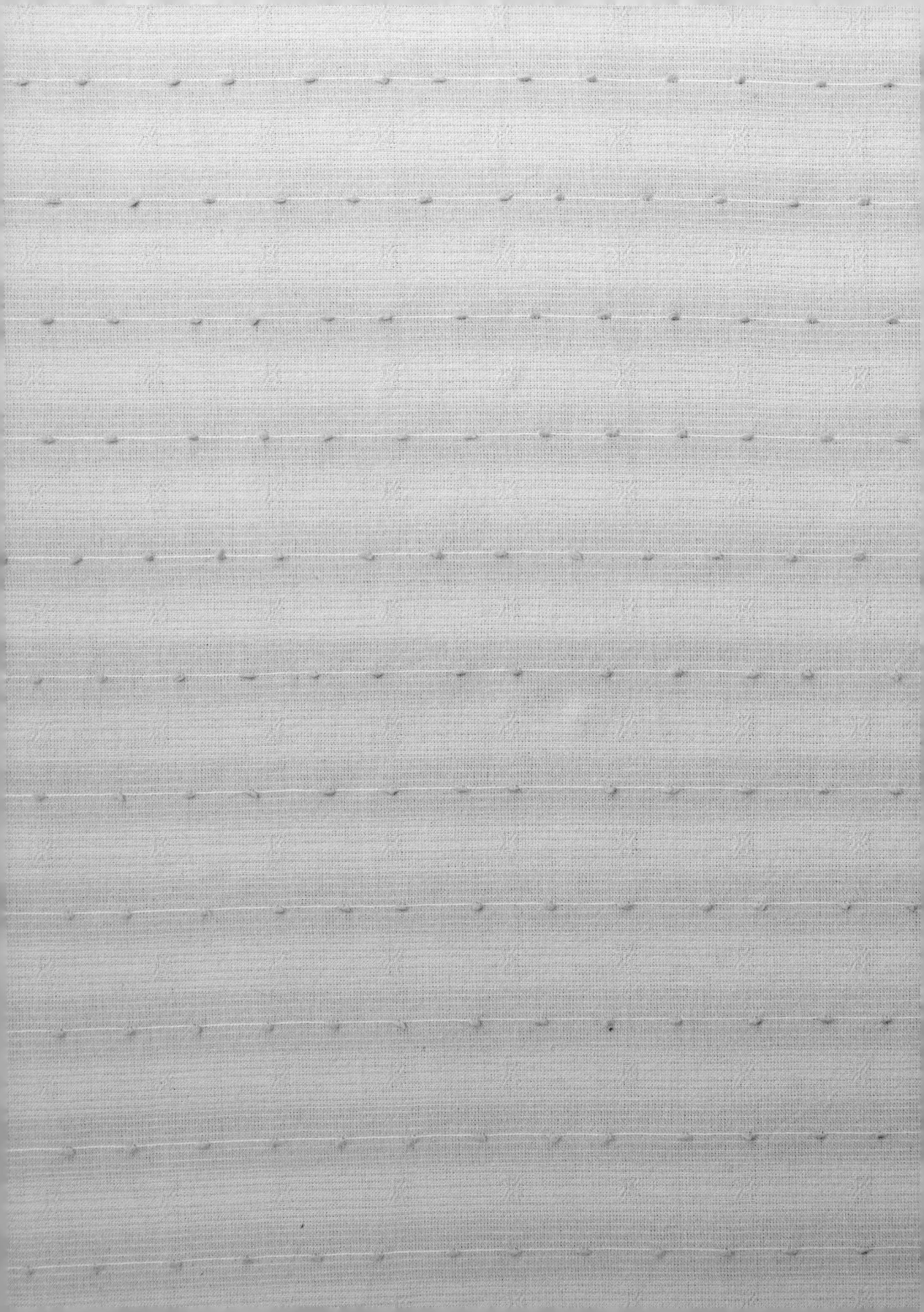

Part 5

영양 가득한
엄마표 간식

엄마는 아이들 밥상 외에도 간식이 고민이에요. 여러 요리를 배워 아이들에게 간식을 만들어 먹이지만 밀가루로 만들거나 튀기는 간식이 많아 엄마의 고민은 끊이지 않아요. 이제 떡을 이용한 간식으로 고민을 말끔히 해결해보세요. 어렵지 않아 엄마도 좋고, 맛은 물론 건강에도 좋아 아이들 간식으로 딱이랍니다.

떡 샌드위치

식빵 대신 얇게 찐 백설기로 만든 건강 샌드위치. 요즘은 건강을 생각해서 밀가루가 아닌 쌀가루로 만든 빵이 인기죠. 쌀빵이 아닌 떡으로 샌드위치를 만들어 더욱더 건강하게 샌드위치를 즐겨요.

2인분

- **떡 재료** | 멥쌀가루 4컵, 찹쌀가루 1컵, 우유 4~6큰술, 버터 1큰술, 설탕 1큰술
- **속 재료** | 양배추·햄·감자 50g씩, 양파 ⅓개, 오이 ½개, 달걀 1개, 마요네즈 ½컵, 소금·머스터드소스 약간씩

● 떡 만들기

1 멥쌀가루와 찹쌀가루를 섞은 후 우유와 버터를 넣는다.
2 1의 쌀가루를 체에 넣고 손으로 잘 비벼 내린다.
3 찜통에 시루밑을 깔고 틀에 2의 쌀가루를 얇고 평평하게 안친 후 칼집을 낸다.
   TIP 네모난 무스링에 안치면 모양을 잡기 편해요.
4 3을 김 오른 물솥에 올려 20분 가량 찐 후 5분간 뜸들인다. 떡이 완성되면 칼집을 낸 대로 썬다.

● 속 만들기

5 감자는 삶아 으깨고, 달걀은 삶아서 채 썬다. 햄은 채 썰어 팬에 살짝 볶는다.
6 양배추는 채썰고, 채썬 양파와 얇게 편으로 썬 오이는 소금에 절인 후 물기를 제거한다.
7 준비한 재료를 모두 섞어 마요네즈에 버무린다.

● 마무리

8 떡 한쪽 면에 7을 얹고 떡을 맞붙인 뒤 랩에 싸서 모양을 고정시킨다.

단호박찰떡구이

화전 반죽에 으깬 단호박을 섞어 만든 간식. 꽃 대신 각종 영양소가 풍부한 견과류를 올려 맛과 영양을 동시에 잡았어요. 바삭하고 노르스름하게 지져낸 떡과 견과류를 함께 씹으면 입에서 맛있는 소리가 들려요. 식욕을 돋우는 단호박의 노란 빛깔은 덤이랍니다.

2~3인분

- 찹쌀가루 2컵
- 단호박 30g
- 호두·아몬드·호박씨 1큰술씩
- 식용유 적당량
- 조청(또는 꿀) 2큰술
- 콩가루 2큰술

◉ 준비하기

1 호두, 아몬드, 호박씨는 굵게 다져 마른 팬에 볶는다.
2 단호박은 껍질째 4등분해 씨만 빼고 20~30분 정도 쪄서 식힌 후 껍질을 벗긴다. 껍질째 쪄야 보송보송하다. 단호박의 양이 많다면 쪄서 냉동 보관한다.
   TIP 껍질을 벗긴 단호박은 전자레인지에 15분 정도 돌려 익혀요.

◉ 반죽하기

3 찹쌀가루에 찐 단호박을 뜨거울 때 넣어 익반죽한다.
4 3을 치대어 직경 4cm 크기로 둥글납작하게 빚는다.

◉ 지지기

5 팬에 기름을 두르고 달구어지면 빚은 반죽을 넣고 약불에서 양면이 노르스름해지도록 지진다.
6 양면이 다 익으면 꺼내어 조청을 고루 묻힌 후 호두, 아몬드, 호박씨 다진 것과 콩가루를 뿌린다.

떡샐러드

절편을 만들어 동그랗게 자른 후 채소와 함께 곁들여 먹는 떡샐러드. 달콤하면서 고소한 깨소스를 뿌려 맛이 한층 풍성해요. 샐러드에 떡이 들어 있어 든든한 한 끼 식사로도 손색이 없어요.

2~3인분

- 샐러드채소(양상추, 겨자잎, 참나물 등) 200g
- 파프리카(주황, 빨강) 각 ½개씩
- **절편** | 멥쌀가루 200g, 물 4큰술, 백년초가루 약간
- **깨소스** | 마요네즈 3큰술, 땅콩버터 · 참깨 · 레몬즙 · 식초 · 꿀 1큰술씩, 간장 · 머스터드 1작은술씩

◯ 준비하기

1 깨소스 재료를 볼에 모두 담고 블렌더로 곱게 간다.

2 샐러드채소는 깨끗이 씻은 다음 한입 크기로 뜯어 찬물에 담가 아삭하게 한 후 체에 밭쳐 물기를 뺀다.

◯ 떡 만들기

3 절편을 만들어 2등분한 뒤 한 덩어리에는 백년초가루를 넣어 색을 내준다.

TIP　p.31 절편 만드는 법을 참고해 만들어요.

4 3을 가래떡처럼 길게 만든 후 나무젓가락을 이용해 동그랗게 자른다.

5 동그랗게 자른 가래떡의 가운데를 엄지와 검지로 꾹 누른다.

◯ 담기

6 접시에 채소와 떡을 담고 깨소스를 뿌려 마무리한다.

콩강정

콩을 싫어하는 아이들을 위해 쉽게 만들 수 있는 영양간식이에요. 뻥튀기한 콩을 설탕시럽에 넣어 달달하게 볶았어요. 달콤함 속에 숨어 있는 콩의 고소함을 느낄 수 있는 과자랍니다. 시럽을 만들 때 원하는 가루로 색을 낸 물을 넣으면 알록달록한 콩강정을 만들 수 있어요.

4~5인분

- 검은콩(또는 흰콩) 3컵
- 설탕 40g
- 백년초가루 섞은 물 20g

- **색 재료** | 백년초가루·녹차가루·치자물(p.18 참고) 적당량씩, 물 적당량

◯ 준비하기
1 검은콩(또는 흰콩)을 젖은 행주로 닦아 바짝 말린 다음 뻥튀기하는 곳에 맡겨 튀긴다.

◯ 시럽 만들기
2 냄비에 설탕과 백년초가루를 섞은 물을 넣어 중불에서 끓인다.
TIP 치자물, 녹차가루(또는 치자그린), 흑임자가루 등을 이용해 원하는 색을 낸다.

◯ 볶기
3 시럽이 끓으면 불을 줄이고 뻥튀기한 콩을 넣어서 콩과 시럽이 어우러질 때까지 고루 저은 후 불을 끈다.
4 불을 끈 상태에서 콩의 표면이 사진처럼 하얗게 될 때까지 볶아 완성한다.

1-1

1-2

홈메이드 맛동산

"맛동산 먹고 즐거운 파티!" 흥겨운 노래가 절로 나올 정도로 맛있는 맛동산. 정성이 가득 담긴 홈메이드로 즐겨보세요. 밀가루에 설탕, 소금, 달걀, 베이킹파우더를 넣어 반죽한 뒤 설탕이 하얗게 보이도록 시럽에 버무리면 완성이에요.

4~5인분

- 박력분 100g
- 설탕 1큰술
- 소금·베이킹파우더 ½작은술씩
- 달걀 1개
- 통깨·검은깨 1큰술씩
- 식용유 적당량
- **설탕시럽** | 설탕 100g, 물 3⅓큰술

◉ 준비하기

1 통깨와 검은깨는 깨끗이 씻어 일어 타지 않게 각각 볶아 식힌다.

◉ 반죽하기

2 박력분과 설탕, 소금, 베이킹파우더를 넣고 체에 내린 뒤 멍울 없이 푼 달걀과 깨를 넣고 고루 섞는다.

3 2를 한 덩어리가 되도록 주물러 비닐에 담아 끈기가 나도록 잠시 실온에 둔다.

4 반죽이 말랑말랑해지면 밀대로 약 0.5cm 두께로 밀어서 폭 0.5cm, 길이 5cm로 일정하게 자른다.

◉ 튀기기

5 170~180℃의 기름에 자른 반죽을 넣고 누릇누릇하고 바삭하게 튀겨내어 기름을 뺀다.

◉ 버무리기

6 냄비에 설탕과 물을 넣고 끓이다가 주걱으로 찍어 보아 1~1.5cm 두께의 실처럼 청이 생기면 재빨리 불에서 내린다. 이때 주걱으로 젓지 않는다.

7 6에 튀겨낸 과자를 넣고 주걱으로 버무린다.

TIP 표면에 묻은 설탕이 하얗게 일 때까지 과자가 깨지지 않게 재빨리 버무리세요.

8 과자를 소쿠리에 담아 살살 흔들어 가며 여분의 설탕부스러기를 털어낸다.

엄마표 강정

뻥튀기의 색다른 변신! 뻥튀기에 조청시럽을 살짝 바르고 쌀뻥튀기 고물을 고루고루 묻혀 만든 강정이에요. 조청시럽의 쫀득쫀득함과 뻥튀기의 바삭함이 살아 있어 입이 심심할 때 먹으면 좋아요.

7~8인분

▢ 뻥튀기 1봉
▢ 쌀뻥튀기 1봉

▢ **조청시럽** | 조청 1컵, 설탕 3큰술

⊙ 준비하기

1 시판되는 뻥튀기를 종류별 또는 크기별로 준비한다.

TIP 유기농 식품 전문 판매점에서 구입하면 믿고 먹을 수 있어요.

⊙ 고물·시럽 만들기

2 쌀뻥튀기를 도마에 놓고 다지거나 구멍이 굵은체(어레미)에 내려 고물을 만든다.

TIP 고물 내리기가 어려우면 쌀뻥튀기 그대로 사용해도 돼요.

3 조청과 설탕을 넣고 살짝만 끓인 뒤 식지 않도록 중탕한다.

⊙ 버무리기

4 **1**의 뻥튀기에 시럽을 바르고 쌀뻥튀기 고물을 묻힌다.

TIP 남은 시럽에 쌀뻥튀기를 넣고 버무려 동글동글하게 모양내도 좋아요.

건빵맛탕

건빵을 설탕 넣은 기름에 튀겨낸 과자예요. 건빵맛탕은 별사탕이 없어도 꿀떡꿀떡 잘 넘어간답니다. 담백한 건빵을 달콤하게 먹고 싶을 때 맛탕처럼 만들어 즐겨요.

7~8인분

▫ 건빵 200g
▫ 식용유 2컵
▫ **시럽** | 설탕 30g, 식용유 2작은술

○ **튀기기**

1 160℃의 식용유에 건빵을 한꺼번에 넣고 뒤적이다가 원래의 색보다 약간 짙어지면 건져낸다.

TIP 온도가 너무 높으면 건빵의 당 때문에 금방 타버리니 주의해요.

○ **시럽 만들기**

2 오목한 팬에 설탕과 식용유를 넣고 연한 갈색이 될 때까지 시럽을 끓인다.

TIP 건빵과 시럽의 온도 차가 나지 않게 설탕과 식용유를 미리 계량해 담고, 건빵이 거의 튀겨졌을 때 불을 켜요.

○ **볶기 · 식히기**

3 튀겨낸 건빵을 시럽에 넣어서 잘 볶는다.
4 넓은 접시에 놓고 젓가락으로 건빵을 하나하나 떨어뜨려 식힌다.

TIP 검정깨나 흰깨 볶은 것을 뿌려도 맛있어요.

찹쌀호떡

호떡은 겨울이면 생각나는 간식 중 하나예요. 호떡 믹스를 사서 간단하게 만들 수 있지만, 직접 반죽해서 더욱 차지고 쫄깃한 호떡을 만들어요. 반죽도 어렵지 않아서 아이들과 함께 만들어도 좋아요.

4~5인분

- 밀가루 200g
- 찹쌀가루 100g
- 소금 1작은술
- 인스턴트 드라이스트 7g
- 꿀 2큰술
- 우유 1컵(또는 물 1¾~2컵)
- **소** | 황설탕 1컵, 계핏가루 1작은술, 땅콩(다진 것) 3큰술

◉ **소 만들기**

1 정량의 재료를 섞어 소를 만든다.

◉ **반죽하기**

2 밀가루와 찹쌀가루, 소금, 드라이스트를 넣고 잘 섞은 후 꿀과 우유를 넣고 반죽한다.

TIP 소금과 드라이스트는 직접 닿지 않게 넣고 다른 가루로 덮으면서 섞어요.

3 볼에 기름을 바르고 반죽을 놓은 후 랩을 씌워 따뜻한 곳에 40분 정도 둔다.

4 반죽이 원래 크기의 2.5배로 부풀 때까지 발효시킨다.

◉ **모양내기**

5 적당량의 반죽을 떼어 둥글린 뒤 가운데에 소를 넣고 둥글게 모양을 잡는다.

◉ **지지기**

6 팬에 기름을 두르고 한쪽 면을 익힌 뒤 뒤집어서 누르면서 지진다.

멸치·새우매작과

밀가루에 보리새우가루와 멸치가루를 각각 넣고 반죽해서 기름에 튀겨낸 과자예요. 조청시럽에 졸이지 않고, 멸치와 보리새우의 맛을 그대로 느낄 수 있는 담백함이 매력이랍니다. 단 것을 좋아하지 않는 사람들에게 권할 만한 과자예요.

4~5인분

□ 녹말가루 약간

□ **멸치매작과** | 밀가루 1컵(100g), 소금 ½작은술, 후춧가루 약간, 달걀 1개, 물 1큰술, 멸치 25g(또는 건멸치 30g), 파래김 ¼장

□ **새우매작과** | 밀가루 1컵(100g), 보리새우 20g, 소금 ½작은술, 물 4~5큰술

○ **멸치매작과 반죽하기**

1 밀가루에 소금, 후춧가루를 넣어 체에 내린다. 달걀과 물은 잘 섞어둔다.
2 멸치는 머리와 내장을 떼고 마른 팬에 볶아 비린 맛을 없애고 믹서에 곱게 간다.

TIP 소금과 드라이이스트는 직접 닿지 않게 넣고 다른 가루로 덮으면서 섞어요.

3 파래김은 바싹 구워 비닐에 넣어 잘게 부순다.
4 1에 멸치가루와 김가루을 넣고 달걀물을 부어 말랑하게 반죽한다.

○ **새우매작과 반죽하기**

5 보리새우는 마른 팬에 볶아 중간체에 내린 뒤 믹서에 곱게 간다.
6 밀가루에 보리새우가루, 소금을 넣어 고루 섞은 뒤 물을 넣고 말랑하게 반죽한다.

○ **모양내기 · 튀기기**

7 반죽한 밀가루를 얇게 밀어 편 다음 녹말가루를 묻히면서 길이 5cm, 폭 1.5cm 정도로 자른다.
8 자른 반죽에 칼집을 세로로 가운데에 한 번만 넣고 칼집 사이로 반죽을 한 번만 뒤집는다.
9 160℃의 기름에 노릇하게 튀겨 건져 기름을 뺀다.

흑미찐빵

지나치게 달지 않은 팥앙금을 넣어 만든 엄마표 찐빵. 흑미가루를 섞어 예쁜 보랏빛이 도는 찐빵이 완성됐어요. 쑥가루를 섞으면 푸른 초록빛 찐빵을, 호박가루를 넣으면 밝은 노란빛의 찐빵을 만들 수 있어요.

3~4인분

- 밀가루 160g
- 흑미가루 40g
- 소금 1작은술
- 설탕 2큰술
- 인스턴트 드라이이스트 5g
- 막걸리 ½컵
- **팥앙금** | 삶은 팥앙금 짠 것(p.15, 또는 시판 팥앙금) 300g, 소금 ½작은술, 물 ⅓컵, 설탕 ⅓컵

○ 반죽하기

1 밀가루에 흑미가루, 소금, 설탕, 드라이이스트를 넣어 체에 한 번 친다.
   TIP 소금과 드라이이스트는 직접 닿지 않게 넣고 다른 가루를 덮어 섞어요.

2 1에 막걸리를 넣고 반죽해 윗부분을 매끄럽게 한 후 랩을 싸서 따뜻한 곳(약 30℃)에 두어 1시간가량 1차 발효시킨다.
   TIP 빠르게 발효시키고 싶을 땐 따뜻하게 중탕한 막걸리를 넣어요.

3 부풀어 오르면 공기를 뺀 후 다시 밀봉하고 랩을 덮어 1시간가량 2차 발효시킨다.

○ 모양내기

4 첫 발효할 때만큼 반죽이 부풀어 오르면 다시 공기를 뺀 후, 적당한 크기로 떼어 팥앙금을 넣는다.
   TIP 앙금을 넣을 때 반죽의 밑은 얇고 위는 두툼해야 터지지 않아요.

○ 찌기

5 찜통에 4를 넣고 김이 오른 물솥에 올려 뚜껑을 열어 약불에서 5분가량 둔다.
   TIP 반죽이 부풀어서 크기가 커지므로 띄엄띄엄 놓아야 해요.

6 조금 부풀어 오르면 불을 세게 올려 15분가량 찐다.

두부쌀과자

으깬 두부를 넣어 담백한 맛이 일품인 두부쌀과자. 튀기지 않아 살찔 걱정 없이 먹을 수 있는 웰빙 간식이에요. 두부를 싫어하는 아이들도 바싹바싹한 맛에 게눈 감추듯이 뚝딱 먹을 거예요.

4~5인분

- 통깨 · 검은깨 1큰술씩
- 박력쌀가루 150g
- 베이킹파우더 1g
- 소금 2g
- 부침용 두부 100g
- 설탕 35g
- 달걀 1개
- 올리브유 2큰술
- 밀가루(덧가루용) 약간

🔵 준비하기

1 통깨와 검은깨는 깨끗이 씻어 일어 타지 않게 각각 볶아 식힌다.
2 박력쌀가루와 베이킹파우더, 소금을 섞어 체에 내린다.
3 그릇에 달걀을 푼 뒤 설탕, 올리브유를 넣어 고루 섞는다.
4 두부는 으깬다.

🔵 반죽하기 · 모양내기

5 2에 으깬 두부, 1의 통깨와 검은깨를 넣고 3을 부어 주걱으로 반죽한다.
6 한 덩어리로 뭉쳐진 반죽을 비닐에 담아 냉장실에 넣어 20~30분간 둔다.
7 반죽에 밀가루를 고루 뿌리고 얇게 밀어 여러 가지 모양틀로 찍은 후에 포크로 구멍을 낸다.

🔵 굽기

8 170~180℃로 예열한 오븐에 20~30분간 굽는다.

떡 바

5~6인분

- 멥쌀가루 5컵(500g)
- 우유 7~8큰술(100g)
- 설탕 5큰술
- 나무 스틱이나 꼬치 10개
- **초코코팅** | 동전 모양의 초콜릿(초콜릿 색깔은 기호에 따라 선택) 200g

◯ 체에 내리기

1. 쌀가루에 우유를 섞어서 잘 비벼 쌀가루에 수분이 알맞게 스며들게 한다.
2. 쌀가루를 주먹으로 쥐어서 3~4번 정도 던졌을 때 부서지지 않으면 적당하게 반죽된 것이다.
3. 중간체에 내린 후 설탕을 넣어 고루 섞는다.

◯ 찌기

4. 찜통에 시루밑이나 면 보자기를 깐 뒤 준비한 틀을 놓고 **3**을 평평하게 고루 펴 정리한다.
5. 만들고 싶은 원하는 모양틀로 찍거나 떡이 깨끗하게 잘리도록 칼집을 넣는다.
6. 김 오른 솥에 **5**를 올리고 김이 나면 뚜껑을 덮어 약 20분가량 찐 후 약불에서 5분간 뜸 들인다.
7. 떡이 식으면 준비한 꼬치에 떡을 꽂아준다.

◯ 초콜릿 코팅하기

8. 꼬치에 꽂은 떡을 중탕으로 녹인 초콜릿을 입혀준다.

인절미 토스트

5~6인분

- 식빵 4장
- 인절미 100g
- 연유 또는 꿀
- 콩가루 3큰술
- 아몬드 50g

1 식빵 위에 인절미를 치즈처럼 얇게 잘라 올리고 식빵을 덮어준다.

TIP 식빵은 두꺼운 것보다 얇은 게 구웠을 때 식감이 좋아요.
TIP 콩가루가 묻은 인절미를 구입하였을 경우 콩가루가 있는 상태에서 작게 잘라 식빵 위에 올려요.

2 190~195℃의 오븐에 10분 정도 윗면이 갈색이 되도록 구워준다.

3 구운 식빵을 먹기 좋게 잘라준다.

4 연유 또는 꿀을 뿌리고 콩가루와 아몬드를 뿌려준다.

Part 6
지혜롭고 건강한
우리 음료

떡과 찰떡궁합을 자랑하는 음료 레시피예요. 생각만 해도 달콤한 식혜, 다섯 가지 맛을 느낄 수 있는 오미자화채, 계피 향이 가득 담긴 수정과 등 미각을 자극하는 음료를 알차게 담았어요. 몸에 좋은 재료로 정성을 담아 만들어 음료만 마셔도 몸이 건강해지는 기분이에요. 귀한 손님에게 떡과 함께 내면 좋은 맛진 음료입니다.

우리 음료에 대해서

우리 조상들은 다양하게 음료를 즐겨왔습니다. 음료 또한 몸을 보양하는 의미로 마셨습니다. 한국의 음청류는 재료와 만드는 법에 따라 화채, 수정과 차, 장, 갈수, 식혜, 탕, 차 등으로 크게 분류됩니다.

1. 찬 음료

(1) 화채(花菜)

화채는 여러 종류의 과일과 꽃을 여러 모양으로 썰어서 꿀이나 설탕에 재웠다가 오미자국물이나 꿀물, 과일즙, 한약재료 달인 것에 띄우거나 다른 재료를 합하여 맛을 냅니다.

① 오미자국물 : 진달래화채, 황장미화채, 보리수단, 창면
② 꿀물: 떡수단, 송화밀수, 원소병, 순채(가련)화채,
③ 과일즙: 유자화채, 수박화채, 여름밀감화채, 앵두화채, 복숭아화채, 딸기화채, 산사화채, 귤화채, 포도화채, 복분자화채, 배화채, 참외화채
④ 한방약재: 생맥산

(2) 수정과(水正果)

지금의 수정과는 생강과 통계피를 각각 끓여 합친 것을 의미합니다. 정과는 과일이나 채소가 꿀에 달게 조려진 상태인데 '물 수(水)' 자가 붙은 것으로 미루어 보아 건지와 건지에서 우러난 국물을 같이 먹게 한 음료로 추측됩니다.

곶감수정과, 배수정과, 가련수정과, 잡과수정과

(3) 장(漿)

밥이나 미음 등 곡물을 젖산 발효시켜 신맛을 내게 한 장수와 향약이성 재료나 곡물가루, 채소류 등을 감미료인 꿀이나 설탕 등에 넣은 숙성음료입니다.

모과장, 유자장, 매장, 계장(桂漿), 여지장(枝枝漿), 산장(酸漿), 은장(銀漿)

(4) 갈수(渴水)

갈수는 농축된 과일즙에 한약재를 가루내서 혼합하여 달이거나 한약재에 누룩 등을 넣어 꿀과 함께 달여 마시는 음료입니다.

임금갈수(林檎渴水), 포도갈수(葡萄渴水), 모과갈수(木瓜渴水), 어방갈수(御方渴水), 오미갈수(五味渴水), 향당갈수(香糖渴水)

(5) 식혜(食醯)

식혜는 엿기름가루를 우린 물에 멥쌀 또는 찹쌀밥을 넣고 보온밥통(55~60°C)에 따뜻한 온도를 유지하면서 일정 시간을 당화시켜서 은은한 단맛이 있게 만든 음료입니다.

식혜, 감주, 석감주, 고구마감주, 연엽식혜, 안동식혜

(6) 미수(米食)

미수는 미시이라고도 하며 곡물을 쪄서 건조 후 볶아 가루로 만들어 꿀물에 타 마시는 음료로 찹쌀미수, 보리미수, 현미미수, 흑미미수 등이 있습니다.

2. 더운 음료

(1) 탕(湯)

탕은 뜨거운 물을 가리키는데, 국을 탕이라 하기도 하고, 과일과 한약의 재료를 섞어 꿀과 함께 졸여서 물에 타서 먹는 것도 탕이라 부릅니다.

제호탕(醍醐湯), 봉수탕(鳳髓湯)

(2) 차(茶)

차의 원 개념은 차나무의 어린 순(잎)을 채취해서 만든 마실 거리의 재료인 셈이고, 또 마실 거리의 재료가 물과 어울려서 낸 물을 차(茶)라고 합니다. 그러나 이런 분류 외에 각종 약재, 과일 등을 가루내거나 말려서 또는 얇게 썰어 꿀이나 설탕에 재웠다가 끓는 물에 타거나 직접 물에 끓여 마시기도 합니다.

① 우리는 차
차의 성분 중 떫은맛을 내는 폴리페놀성분이 찻잎에 존재하는 산화효소의 작용으로 황색이나 홍색을 띠면서 맛과 향이 변화되는 과정을 발효라고 하며 발효정도에 따라 불발효차(不醱酵茶: 녹차), 반발효차(半醱酵茶: 자스민, 우롱차), 발효차(醱酵茶:홍차), 후발효차(後醱酵茶: 보이차)로 나눌 수 있습니다.

② 달이는 차
인삼차, 두충차, 기국차, 구기자차, 계피차, 오매차, 당귀차, 박하차, 영지차, 칡차, 쌍화차, 유자차, 모과차, 오과차, 대추생강차, 녹두차, 곡차, 율무차, 옥수수차

(3) 숙수(熟水)

숙수는 향약초를 달여 만든 음료를 말합니다. 꽃이나 잎 등을 끓는 물에 넣고 그 향기를 우려 마시는 것과 한약재 가루에 꿀과 물을 섞어 끓여 마시는 것이 있습니다. 또는 누룽지에 물을 부어 끓여 마시는 것을 뜻하기도 합니다.

자소숙수(紫蘇熟水), 정향숙수(丁香熟水), 침향숙수(沈香熟水), 율추숙수(栗皺熟水), 숭늉

(4) 미음류(米飮類)

곡물을 물에 넣어 오래 끓이다가 체에 받쳐 남은 물에 소금, 설탕으로 간을 하여 마시는 것을 말합니다.

쌀미음, 송미음, 좁쌀미음, 대추미음, 삼미음

식혜

식혜는 만드는 방법이 어렵지 않아 전통음료 중 가장 친근하고 자주 맛볼 수 있는 음식이에요.
더운 여름날, 차가운 식혜 한 잔은 더위를 식혀주고 달콤한 맛에 기분까지 좋아지게 해줘요.

7~8인분

- 엿기름 180g
- 미지근한 물 15컵
- 찹쌀(멥쌀) 2컵
- 생강 10g
- 설탕 1½~2컵
- 실백잣 1큰술

● 엿기름 우려내기
1. 엿기름을 미지근한 물에 고루 풀어 30분 정도 불린다.
2. 불린 엿기름을 고운체에 밭쳐 바락바락 주무른 뒤 윗물이 맑아질 때까지 기다린다. 윗물을 가만히 따라서 담고, 남은 앙금은 버린다.

● 고두밥 짓기
3. 쌀은 씻어 일어 5시간 이상 불려 되직하게 밥을 짓는다.
4. 찹쌀인 경우는 물기를 뺀 뒤 찜통에 젖은 면 보자기를 깔고 1시간 정도 찐다.

● 당화시키기
5. 엿기름물에 밥을 섞어 보온밥통에 담고 밥알을 비벼보아 미끈거리는 것이 없을 때까지 5~6시간 정도 당화시킨다.

TIP 40℃ 정도로 따끈하게 데운 엿기름물에 따뜻한 밥알을 넣으면 당화시간이 빨라져요.

● 끓이기
6. 밥알이 떠오르면 밥알만 건져낸 뒤 냉수에 헹궈 찬물에 담가둔다.
7. 삭힌 엿기름물은 저민 생강과 설탕을 넣어 20~30분가량 약불에 끓이면서 거품을 걷어낸다.
8. **7**을 식혀서 면 보자기에 밭쳐 차게 둔 뒤 **6**의 밥알을 건져 넣고, 고깔 뗀 잣을 3~4알 띄운다.

오미자화채

오미자를 우려낸 물에 설탕을 넣어 맛을 낸 음료. 고운 빛깔에 눈이 먼저 반하고, 새콤달콤한 맛에 입에 미소가 저절로 번져요. 오미자 대신 배, 진달래, 장미 등의 넣는 내용물에 따라 이름이 달라져요.

5~6인분

- 오미자 ½컵
- 찬물 2컵
- 설탕 1컵
- 물 4컵(기호에 따라 조절 가능)
- 배 ¼개

● **오미자 우려내기**

1 오미자는 물에 씻어서 찬물 2컵을 부어 하루를 우려내어 면 보자기에 거른다.
2 우려낸 오미자국물의 색과 신맛을 보면서 물 4컵을 섞은 다음 설탕을 섞어 녹인다.

TIP 물과 설탕을 넣고 시럽을 끓여 식혀서 넣어도 좋아요.

● **고명 준비하기**

3 얇게 썬 배를 꽃 모양으로 찍어 설탕물에 담가 갈변을 막는다.

● **담아내기**

4 화채 그릇에 오미자국물을 담고 꽃 모양의 배를 띄운다.

TIP 고깔을 떼고 마른 행주로 닦은 실백잣을 띄워도 좋아요.

수정과

수정과는 지금은 언제든지 마실 수 있는 음료가 되었지만, 예전에는 궁중이나 양반집에서도 새해가 시작되는 정월에나 맛볼 수 있는 고급음료였다고 해요. 옛날 그 시절 집에 귀한 손님이 올 때의 마음을 담아 대접해요.

5~6인분

- 생강(껍질 벗긴 것) 50g
- 물(생강 끓이는 용) 6컵
- 통계피 40g, 물(계피 끓이는 용) 6컵
- 황설탕+흑설탕 1~1½컵
- 주머니곶감 3개
- 잣 1작은술

● 준비하기

1 생강은 껍질을 벗겨서 얇게 저미고, 통계피는 조각을 내어 깨끗이 씻는다.
2 주머니곶감은 꼭지를 떼고 넓게 펴서 씨를 빼고 돌돌 만다. 2cm 두께로 썰어 가운데 잣을 박아 모양을 만든다.

● 끓여 거르기

3 저민 생강에 물을 부어 뭉근한 불에서 30분 정도 끓여 면 보자기에 거른다.
4 씻은 계피에 물을 부어 40분 정도 끓여서 면 보자기에 거른다.

● 마무리

5 생강과 계피 끓인 물을 합하고 황설탕과 흑설탕을 섞어 넣은 뒤 20분 정도 끓여서 식힌다.
6 5를 그릇에 담고 모양낸 곶감을 띄운다.

TIP 곶감은 통째로 수정과에 불려서 넣거나 곶감쌈, 곶감오림 등의 모양낸 것을 사용해도 좋아요.

단호박식혜

단호박식혜는 식혜와는 다르게 밥알을 밥통에 넣어 삭히는 과정이 필요 없어 만들기 쉬운 음료랍니다. 단호박이 가지고 있는 부드러운 단맛이 입맛을 깔끔하게 해줘서 후식으로 한잔하기에 안성맞춤이에요.

7~8인분

- 엿기름 300g
- 물 20컵
- 설탕 200~300g
- 잣 약간
- **호박 끓일 물** | 엿기름물 10컵, 단호박(손질한 것) 200g
- **생강 끓일 물** | 엿기름물 10컵, 생강 20g

◯ 엿기름 우려내기
1 엿기름을 미지근한 물에 고루 풀어 30분 정도 불린다.
2 1의 엿기름을 고운체에 밭쳐 바락바락 주무른 뒤 윗물이 맑아질 때까지 기다린 다음 윗물만 가만히 따라 담고 2등분한다. 남은 앙금은 버린다.

◯ 끓여서 거르기
3 단호박은 껍질을 벗겨 씨를 빼고 잘게 자른다.
   TIP 늙은 호박을 섞어서 만들어도 좋아요.
4 반을 나눈 엿기름물에 호박을 넣고 무르도록 삶는다.
5 남은 엿기름물에 생강을 썰어 넣고 30분 정도 끓인 다음 생강을 거른다.

◯ 마무리
6 **4**를 체에 내려 **5**와 섞은 다음 설탕을 넣고 다시 끓여 단맛을 기호에 따라 맞춘다.

대추생강차

얇게 썬 생강을 설탕과 꿀에 재운 후 대추를 넣고 함께 끓인 음료예요. 대추는 자양강장, 신경안정에 좋고, 생강은 위액 분비를 촉진하고 구토를 억제하며 항균작용이 있어요. 기운이 없거나 소화가 잘 되지 않을 때 마시면 좋아요.

5~6인분

- 대추 40g
- 절인 생강 40g
- 생강 절인 물 2큰술
- 물 5컵
- **절인 생강** | 생강(껍질 벗긴 것) 100g, 꿀 50g, 설탕 50g
- **고명** | 대추 2개, 잣 1작은술

● **준비하기**

1. 대추는 씻은 후 칼집을 넣는다.
2. 생강은 껍질을 벗겨 얇게 편으로 썰어 꿀과 설탕을 넣고 절인다.

　TIP 생강 절인 물은 버리지 말고 바로 2큰술 쓰고 냉장고에 보관하세요. 햇생강이 나오는 계절에 저장하면 일 년 내내 두고 쓸 수 있어요. 절인 물은 고기요리에 사용해도 좋아요.

● **끓이기**

3. 물에 대추, 절인 생강, 생강 절인 물을 넣고 뭉근한 불에서 끓인다.
4. 대추 맛이 우러나면 꿀이나 설탕을 넣고 더 끓인다.

● **담아내기**

5. 고운체에 걸러 담고 대추채나 대추꽃, 잣을 띄운다.

모과차

모과는 위와 간을 따뜻하게 하고 편안하게 해줘 소화가 잘되지 않거나 피곤할 때 마시면 좋아요. 또한 비타민 C가 풍부해 감기 예방에도 탁월하답니다. 모과가 제철인 가을에 설탕에 절여서 저장한 후 원할 때 끓여 마셔요.

4~5인분

- 절인 모과 100g
- 물 6컵
- 꿀(또는 설탕) 적당량
- 잣 1작은술

- **설탕 시럽** | 물 1컵, 설탕 1컵, 물엿(또는 꿀) 1큰술
- **절인 모과** | 모과 10개(손질 후 2.5kg), 설탕 2.5kg, 시럽 적당량

○ 모과 절이기

1 가을에 잘 익은 모과를 깨끗이 씻어 물기를 없애고 길게 4등분해 씨 부분을 도려내고 납작하게 썬다.
2 모과는 같은 양의 설탕에 버무려 설탕이 완전히 녹을 때까지 두었다가 병에 눌러 담는다. 설탕이 잘 녹게 중간중간 위아래를 섞는다.

○ 시럽 끓이기

3 설탕과 물은 1:1고 냄비에 넣고 불에 올려서 젓지 말고 끓이다가 설탕이 녹은 후에 물엿을 넣어 약불로 10분 정도 끓여서 식혀 시럽을 만든다.
4 2~3일이 지나 2의 모과가 설탕에 절어 병 윗부분에 공간이 생기면 3이 시럽을 붓는다.
5 맨 위에 모과조각이 뜨지 않도록 설탕봉지를 만들어 병에 눌러 넣는다.
TIP 설탕봉지는 비닐봉지에 설탕을 넣어 시럽이 새어 들어가지 않게 묶어서 만들어요.

○ 마무리

6 절인 모과에 물을 붓고 모과 맛이 우러나도록 중불에서 서서히 끓인다.
7 찻잔에 6의 모과차를 담고 취향에 따라 손질한 잣을 띄운다.
TIP 꿀이나 설탕은 따로 담아서 기호에 따라 타 마시도록 하세요. 잣을 띄우려면 고깔을 떼고 마른 면 보자기로 닦아 준비해두세요.

두유쉐이크

두유를 이젠 집에서도 즐겨보세요. 흰콩을 삶은 뒤 바나나, 우유, 설탕을 입맛에 따라 조절해 넣고 믹서에 갈면 완성이에요. 흰콩 대신 검은콩을 이용해 만들어도 좋아요. 기호에 따라 선택해서 만들어보세요.

2인분

- 흰콩(또는 검은콩) 50g
- 소금 ¼작은술
- 황설탕 2큰술
- 바나나 ½개
- 얼음 2~3알
- 우유 1½컵

● **콩 손질하기**
1 흰콩은 깨끗이 일어 씻은 다음 물에 담아 하룻밤 충분히 불린다.
2 불린 콩은 검은색 깍지를 벗겨내고 덜 불어난 콩도 골라낸다.

● **삶기**
3 손질한 콩은 냄비에 담고 물을 넉넉히 붓는다. 뚜껑을 연 채 센불로 끓이다가 끓기 시작한 후 15분 정도 더 삶는다.
4 콩이 잘 익었는지 손으로 으깨 확인한 후 체에 밭쳐 찬물로 한 번 헹군 다음 껍질을 벗긴다.

● **마무리**
5 믹서에 삶은 흰콩과 소금, 황설탕, 바나나, 얼음, 우유를 분량대로 넣고 입자가 보이지 않게 곱게 간다.
  TIP 얼음, 콩 등이 입자가 보이지 않도록 잘 갈아야 제대로 된 맛을 느낄 수 있어요. 기호에 따라 녹차가루를 같이 넣고 갈아도 좋아요.
6 차게 보관해둔 유리컵에 담아낸다.

부록

우리 떡 이야기

우리 조상들이 만들어 나누고 즐겨 먹었던 떡에 대해서 배우고 만들면서 이번 기회에 떡에 대한 이야기를 나누었으면 하는 의미로 간략한 내용을 싣게 되었습니다. 귀하고 맛있는 우리 떡을 알고 먹으면 더 맛있답니다.

일 년 열두 달 만들어 먹는, 나눔의 떡

떡이란, 곡식을 가루내어 찌거나 삶거나 기름으로 지져서 덩어리로 만든 음식을 통틀어 이르는 말이며 병(餠), 편(片), 고(糕) 등으로 표현됩니다. 떡의 어원은 '찌다'라는 동사가 '찌기'로 명사화되어 '떼기→떠기→떡'으로 변화된 것으로 보고 있습니다.

떡은 곡식 가루를 찌거나, 그 찐 것을 치거나 빚어서 만든 우리의 대표적인 전통 음식으로, 우리 조상들은 크고 작은 일이 있을 때마다 떡을 먹곤 했습니다. 백일이나 돌, 혼례, 회갑같이 중요한 행사가 있을 때뿐만 아니라 명절이나 절기마다 이웃과 떡을 나누었답니다. 우리나라의 음식 중 통과의례나 명절, 행사 등에 빠지지 않는 토착성과 전통성이 가장 깊은 음식이라고 할 수 있습니다.

인정을 나누는 떡
옛날에는 형편이 넉넉한 집에서나 떡을 만들 수 있었습니다. 그래서 기쁜 날이든 슬픈 날이든 떡 하는 날에는 일부러 많이 만들어 이웃들과 나누어 먹었습니다. 잔칫집에서도 손님들이 돌아갈 때 싸 주는 음식 가운데 떡을 으뜸으로 여겼습니다.

보기 좋은 떡
우리 조상들은 떡에도 멋을 부리곤 했습니다. 떡에 꽃잎을 얹는가 하면, 색색으로 물들이기도 했습니다. 특히 혼례나 회갑 같은 잔칫날에는 떡살(떡을 눌러 갖가지 무늬를 찍어 내는 판)을 이용해 여러 문양의 떡을 만들었습니다. 집마다 고유한 문양의 떡살을 보관했기 때문에 떡은 나누어 먹어도 떡살은 다른 집에 빌려주지 않았습니다.

떡의 종류에 대해서

1) 찌는 떡(甑餠)
곡물을 가루로 만들어 시루에 안치고 솥 위에 얹어 증기로 쪄내는 시루떡은 증병(甑餠)이라고도 합니다. 시루떡에는 설기떡과 켜떡이 있는데, 설기떡은 쌀가루에 물을 내려 고물을 사용하지 않고 만들어 켜가 없고 한 덩어리가 되게 찐 떡입니다. 무리떡이라 부르기도 합니다. 설기떡에는 쌀가루만으로 만든 흰색의 백설기, 쌀가루에 각각 콩, 감, 밤, 쑥 등을 섞은 콩설기, 감설기, 밤설기, 쑥설기와 밤, 대추, 곶감 등을 섞어 만든 잡과병 등이 있습니다.

켜떡은 쌀이나 찹쌀을 가루로 하고, 고물을 사용하여 켜를 만든 떡입니다. 고물은 붉은팥, 거피팥, 동부, 녹두, 깨 등을 사용합니다. 고물 대신 밤, 대추, 석이채, 잣 등을 고명으로 얹어 찌는 각색편도 있습니다.

떡가루에 꿀, 석이버섯가루, 승검초가루, 감가루, 송홧가루, 송기가루 등 전통재료뿐만 아니라 기능성을 가진 천연색소를 섞어서 만들기도 합니다.

시루떡에는 거피팥시루떡과 녹두시루떡, 깨시루떡, 상추떡, 물호박떡 등 여러 종류가 있습니다. 시루에 찔 때는 찹쌀가루 켜만 올려서 찌면 김이 잘 오르지 않으니 찹쌀가루와 멥쌀가루의 켜를 번갈아 안쳐서 쪄야 합니다.

쌀가루에 막걸리를 넣어 부풀려서 찌는 증편, 밀가루를 발효시켜 찐빵처럼 만드는 상화병, 찹쌀을 가루내지 않고 통쌀로 쪄서 간장, 참기름, 설탕 등으로 양념해서 찌는 약식이 있습니다.

2) 치는 떡(搗餅)

치는 떡은 도병(搗餅)이라 하며, 시루에 찐 찹쌀이나 떡을 뜨거울 때 절구 혹은 안반으로 쳐서 끈기가 나도록 한 떡으로 인절미, 가래떡, 절편, 개피떡 등이 있습니다. 요즘은 절구나 안반대신 펀칭기를 사용해서 칩니다.

인절미는 찹쌀을 불려 시루나 찜통에 넣고 찐 뒤, 바로 절구나 안반으로 쳐서 적당한 크기로 썰어 콩고물이나 거피팥 고물을 묻힙니다. 떡을 칠 때 데친 쑥을 넣으면 쑥인절미, 호박을 넣으면 호박인절미가 됩니다.

멥쌀가루에 물을 내려 시루에 쪄서 절구나 안반에 끈기가 나게 친 뒤, 친 떡을 길게 막대 모양으로 만들면 가래떡이 되고, 길게 빚어서 떡살로 문양을 내서 썰면 절편이 됩니다. 개피떡은 친 절편 덩어리를 얇게 밀어 팥소를 넣고 접어서 반달모양으로 찍어 공기가 들어가게 한 떡입니다. 개피떡을 작게 해서 두 개를 붙이면 둘붙이, 세 개를 붙이면 셋붙이라고 합니다.

단자(團子)는 찹쌀가루에 물을 주어 찌거나 익반죽하여 반대기를 만들어, 끓는 물에 삶거나 쪄서 친 후 적당한 크기로 빚거나 썰어서 고물을 묻혀 만듭니다. 단자에는 석이단자, 쑥구리단자, 대추단자, 유자단자, 밤단자, 색단자 등이 있습니다. 단자는 잣가루나 밤, 대추 채썬 것 등 인절미보다는 고급스러운 고물을 묻혀줍니다.

3) 빚는 떡

경단(瓊團)은 찹쌀가루나 수수가루 등을 더운물로 반죽을 하여 동그랗게 빚어서 끓는 물에 삶아서 콩고물이나 깨고물을 묻힌 떡입니다.

송편(松餠)은 쌀가루를 익반죽하여 콩·깨·밤 등을 소로 넣고 소재처럼 빚어서 시루에 솔잎을 겨내로 깔아 솔잎향이 배도록 쪄낸 떡 입니다.

4) 지지는 떡(油煎餅)

찹쌀가루를 익반죽하여 모양을 만들어 기름에 지지는 떡으로 화전, 주악, 부꾸미 등이 있습니다.

화전(花煎)은 반죽을 동글납작하게 빚어서 번철에 기름을 두르고 지진 떡으로, 철 따라 진달래꽃, 장미꽃, 감국(황국화) 등의 꽃이나 국화잎을 얹어서 계절의 정취를 즐길 수 있습니다. 요즘은 먹는 꽃이 따로 재배되므로 구입해서 사용 가능합니다.

주악(助岳)은 찹쌀가루 반죽에 치자물, 대추 다진 것 등을 넣어 반죽하고 깨나 대추를 꿀로 반죽한 소를 넣고 송편 모양으로 작게 빚어 기름에 튀겨 꿀이나 시럽에 재웠다가 쓰는 웃기떡(고명떡)입니다. 부꾸미는 찹쌀가루나 찰수수가루를 익반죽하여 납작하게 빚어서 번철에 기름을 두르고 지져서 소를 넣고 반을 접어 만듭니다.

떡의 쓰임새에 대해서

1) 시절식에서 떡

각 민족은 생활기반이 되는 자연환경과 독특한 생활양식에 의해 그 나름의 절식을 형성하고 발전시켜 왔습니다. 우리 민족도 예외는 아니어서 절식에는 특별한 음식을 만들어 나누는 등 뜻있게 보내왔습니다. 이 중 떡은 반드시 준비되는 중요한 음식이었습니다. 따라서 떡은 사철 절기와 명절에 따라 다르게 만들어 먹습니다. 사철 절기에는 각 절기마다 많이 나오는 식품을 이용해 쌀가루에 가미하여 만들었습니다. 매달 만드는 떡은 그달에 있는 명절의 의미를 생각하고 만들어서 신에게 바치거나 아랫사람 혹은 친척 간에 나누었습니다.

1월 정조다례(正朝茶禮)

흰 떡가래로 떡국을 끓여서 순수함과 경건함을 나타냈습니다. 설날은 천지 만물이 새로 시작되는 날인만큼 엄숙하고 청결해야 한다는 의미에서 유래했습니다. 이날의 떡국을 첨세병(添歲餠)이라고도 하는데, 떡국을 먹으면 나이를 하나 더하게 되기 때문입니다. 쌀 생산이 적은 북쪽 지방에서는 만둣국이나 떡만둣국으로 떡국을 대신하기도 했습니다. 흰떡 외에 찹쌀, 차조, 기장, 찰수수 등 찰곡식으로 만든 인절미와 거피팥, 콩가루, 검은깨, 잣가루 등으로 고물을 입힌 찰떡을 만들어 먹었습니다.

상원(上元) 혹은 정월 대보름에는 묵은 나물, 복쌈, 부럼, 귀밝이술 등과 함께 떡으로는 약식을 만들어 즐겼습니다. 처음에는 까마귀가 왕의 생명을 구한 데 대한 감사함을 표시하기 위해 까마귀 깃털 색과 같은 약식을 만들었던 것이, 후대에 전해오면서 여러 가지 견과류와 꿀을 첨가하여 현재의 모습을 갖추게 되었습니다.

2월 중화절

중화절(中和節)에는 볏가릿대에서 벼 이삭을 내려 커다란 송편을 빚은 후 노비에게 나이 수대로 먹였습니다. 새해 농사를 시작하는데 수고해 달라고 상전이 노비를 대접하는 것이지요. 이날 빚는 송편을 '노비송편' 혹은 2월 초하룻날 빚는다 하여 '삭일송편'이라 합니다.

3월 삼짇날, 한식날
만물이 활기를 띠고 강남 갔던 제비가 돌아온다는 삼짇날에는 집안의 우환을 없애고 소원성취를 비는 산제를 올렸습니다. 또한 화전놀이라 하여 찹쌀가루와 번철을 들고 야외로 나가 진달래꽃을 뜯고 그 자리에서 진달래화전을 만들어 먹기도 했습니다. 삼짇날 화전놀이 행사를 통해 비로소 봄을 몸으로 느낄 수 있었습니다. 한식날에는 어린 쑥을 넣어 절편이나 쑥단자를 만들어 봄의 대표적인 절식으로 즐겼습니다.

4월 초파일
석가의 탄생을 경축하기 위한 날로, 본래는 불가에서만 경축하였으나 고려 시대 이후 백성들도 명절로 지키게 되었습니다. 음식으로는 이즈음 느티나무에 새싹이 돋게 되므로 어린 느티나무 잎을 넣은 느티떡을 해 먹거나 장미꽃을 넣어 장미화전을 부쳐 먹었습니다. 혹은 석남잎(石南葉)으로 석남엽병을 만들기도 했습니다.

5월 단오
단오는 천중절(天中節), 수릿날, 중오절(重五節) 등 여러 이름으로 불립니다. 이날에는 단오차사를 거피팥 시루떡으로 만들어 지내고 앵두차사라 하여 앵두를 천신하기도 하였습니다. 떡으로는 수리취절편도 만들곤 했는데 떡살의 무양이 수레바퀴 모양이라서 차륜병(車輪餠)이라고도 불렀습니다. 그 외에 햇쑥으로 버무리, 절편, 인절미를 만들어 쑥의 향취로 봄을 느끼는 떡을 많이 하였습니다.

6월 유두
보름인 유두일에는 아침 일찍 밀국수, 떡, 과일 등을 천신하고 떡을 만들어 논에 나가 농신께 풍년을 축원하였습니다. 절식으로는 상화병이나 밀전병을 즐겼고, 더위를 잊기 위한 음료수로 꿀물에 동글게 빚은 흰떡을 넣은 수단(水團)을 만들어 먹었습니다.

7월 칠석
올벼(때보다 이르게 익은 벼)를 가묘에 천신하고 흰쌀로만 만든 백설기를 즐겼습니다. 또 삼복에는 깨찰떡, 밀설구, 주악, 증편을 많이 만들었습니다. 특히 삼복에 증편을 즐긴 것은 술로 반죽하여 발효시킨 후 찐 떡이라 더위에도 쉽게 상하지 않기 때문이었습니다. 주악 또한 쉽게 상하지 않아 이 시기에 많이 해 먹었습니다. 백중절에는 망혼을 위하여 절에서 제를 올렸습니다.

8월 한가위
팔월 한가위에는 햅쌀로 시루떡, 송편을 만들어 조상께 감사하며 제사를 지냈습니다. 송편이라는 명칭은 떡을 찔 때 솔잎을 켜마다 깔고 찌기 때문에 붙여진 것입니다. 그런데 이날 만드는 송편은 올벼로 빚은 것이라 하여 '오려송편'이라 부르고 2월 중화절의 삭일송편과 구별하였습니다.

9월 중양절

9월 9일 중양절은 추석 제사 때 못 잡순 조상께 제사를 지내는 날입니다. 이날 시인과 묵객들은 야외로 나가 시를 읊거나 그림을 그리면서 풍국(楓菊) 놀이를 즐겼습니다. 음식 또한 향기 좋은 국화로 운치를 더했습니다. 국화주나 국화 꽃잎을 띄운 가양주와 함께 국화전을 만들어 먹었으며, 삶은 밤을 으깨 찹쌀가루에 버무려 찐 밤떡도 즐겨 먹었습니다.

10월 상달

10월은 일 년 중 첫째가는 달이라 하여 상달이라고도 합니다. 상달에는 당산제와 고사를 지내 마을과 집안의 풍요를 빌었습니다. 고사 때는 백설기나 붉은팥시루떡을 만들어 시루째 대문, 장독대, 대청 등에 놓고 성주신을 맞이하였습니다. 이때에는 애단자(艾團子)와 밀단고(密團餻)도 빚어 먹었습니다.

상달 오일(午日), 즉 말날인 무오일에는 팥시루떡을 시루째 마구간에 갖다 놓고 말이 병이 없기를 빌었습니다.

11월 동짓날

동짓달의 동짓날은 죽어가던 태양이 다시 살아난 것을 경축하는 날입니다. 이날 낮의 길이가 가장 짧아졌다가 다시 길어지기 때문입니다. 축하하는 의미에서 '작은 설'이라고도 부르며 특별히 떡을 만들지는 않으나 팥죽을 끓여 찹쌀경단(새알심)을 넣어 먹는 풍습이 있었습니다.

12월 섣달그믐

섣달은 납향(臘享)하는 날인 납일이 들어 있다고 해서 납월(臘月)이라고도 합니다. 납일은 동지 뒤 셋째 미일(未日)로 사람이 살아가는 데 도움을 준 천지신명에게 제사를 지냈습니다. 납월의 음식으로는 골동반, 장김치 등이 있으며 떡으로는 팥소를 넣고 골무 모양으로 빚은 골무떡을 즐겨 먹었습니다. 특히 섣달그믐에는 온시루떡과 정화수를 떠 놓고 고사를 지내고, 색색의 골무떡을 빚어 나누어 먹기도 했습니다.

이와 같이 우리 조상들은 계절적 변화에 민감하여 각 계절 및 24절기에 어울리는 음식을 만들어 먹었습니다. 떡은 그 중 가장 중요한 음식의 하나로 일 년 열두 달 떡을 해먹지 않는 날이 없을 정도였습니다.

2) 통과의례와 떡

통과의례란 사람이 태어나서 생을 마칠 때까지 반드시 거치게 되는 몇 차례의 중요한 의례를 말합니다. 이러한 의례에는 떡을 마련하였는데, 떡에 각기 의미를 부여하여 의례와의 관련성을 더욱 크게 하였습니다. 또 통과의례의 풍속이 떡의 풍속에 크게 영향을 주기도 하였습니다. 대표적인 통과의례와 관련된 떡의 풍속은 다음과 같습니다.

삼칠일

우리 조상은 아이를 출산한 지 세이레가 되면 삼칠일이라 하여 특별하게 보냈습니다. 이날에는 그동안 대문에 달았던 금줄을 떼어 외부인의 출입을 허용하고 산실(産室)의 모든 금기를 철폐하였습니다. 따라서 가까운 친지들도 방문하여 산모의 노고를 치하할 수 있었습니다. 삼칠일의 떡으로는 아무것도 넣지 않은 순백색의 백설기를 마련하는데, 아이와 산모를 속인의 세계와 섞지 않고 산신(産神)의 보호 아래 둔다는 신성의 의미를 담고 있습니다. 따라서 삼칠일의 백설기는 집에 모인 가족이나 가까운 친지끼리만 나누어 먹고 밖으로는 내보내지 않습니다.

백일

'100'은 크고 완전함, 성숙 등을 의미하는 수로, 백일은 아이가 이 완성된 단계를 무사히 넘김을 축하함과 동시에 앞으로도 건강하게 자라기를 축복하기 위한 날입니다.

백일 상에는 흰밥과 고기 미역국, 푸른색의 나물 등을 올리고 떡으로는 백설기, 붉은팥고물 찰수수경단, 오색송편을 준비합니다. 이날에 이르러서야 비로소 축의 음식을 밖으로 돌려 나누었는데, 특히 백일 떡은 백 집에 나눠주어야 아이가 수명장수하고 큰 복을 받는다고 생각했습니다.

백설기에는 삼칠일 때와 마찬가지로 신성의 의미를, 붉은팥고물의 찰수수경단에는 귀신이 적색을 피한다 하여 액을 막는다는 의미를 부여하였습니다. 찰수수경단은 백일부터 10살 이전의 생일에는 반드시 해주는 풍습이 있었습니다. 이는 잡귀가 붙지 못하도록 예방, 벽화(僻禍)하기 위한 것입니다. 오색송편은 아이가 장성한 다음에도 생일 또는 책례축의(冊禮祝儀)에 사용되는데 평상시에 만드는 것보다 아주 작고 예쁘게 만들었습니다. 송편에 물들이는 다섯 가지 색은 오행(五行), 오덕(五德), 오미(五味)와 마찬가지로 '만물의 조화'를 뜻합니다. 이외에도 송편은 그 안에 들어있는 속처럼 속이 꽉 차고, 동시에 속이 빈 송편과 같이 뜻을 넓게 품으라는 의미를 가집니다.

돌

돌에는 아이의 장수복록(長壽福祿)을 축원하며 의복을 만들어 입히고 떡과 과일을 중심으로 돌상을 차려 돌잡이를 합니다. 돌 음식으로 흰밥과 미역국을 해서 아이를 위해 새로 마련한 밥그릇과 국그릇에 담았고, 백설기와 붉은팥고물 찰수수경단, 오색송편, 무지개떡, 인절미, 개피떡 등의 떡도 만들었습니다. 이중 백설기와 수수경단은 반드시 준비해야 하며, 과일도 여러 색이 고루 들어가도록 했습니다.

혼례

혼례는 남녀가 부부의 인연을 맺는 일생일대의 가장 중요한 행사 중 하나입니다. 이때 신랑 집에서 신부 집에 함을 보내는 절차에 봉채떡(혹은 봉치떡)을 빼놓지 않았습니다. 신부 집에서는 붉은팥시루떡을 하고 기다리다가 함이 들어오면 함을 시루 위에 놓고 북향재배(北向再拜)를 한 후 함을 열었습니다. 바로 이때 사용되는 떡이 봉채떡입니다. 봉채떡은 찹쌀 3되, 팥 1되로 찹쌀시루떡 2켜만을 안치되, 윗켜 중앙에 대추 7개를 방사형으로 올립니다. 봉채떡을 찹쌀로 하는 것은 부부의 금실이 찰떡처럼 화목하게 귀착되라는 뜻이며, 떡을 2켜로 올리는 것은 부부 한 쌍을 상징하는 것입니다. 또 붉은팥고물은 벽화(僻禍)를, 대추 7개는 아들 7형제를 상징하여 남손번창(男孫繁昌)을 기원했습니다.

회갑
나이 61세가 되는 생일에는 회갑이라 하여 자손들이 연회를 베풀어드리게 했습니다. 회갑연 때는 큰상을 차리는데 음식을 높이 괴므로 '고배상(高排床)' 또는 바라보는 상이라 하여 '망상(望床)'이라고도 합니다. 혼례나 희수연(稀壽宴)에도 차리는 큰상은 한국의 상차림 중에서 가장 화려하고 성대한 것입니다. 그런데 회갑연에서도 떡은 빼놓을 수 없는 음식이었습니다. 갖은편이라 하여 백편, 꿀편, 승검초편을 만들어 차곡차곡 높이 괸 후 화전이나 주악, 단자 등 웃기를 얹어 아름답게 장식했습니다. 인절미 등도 층층이 높이 괴어 주악, 부꾸미, 단자 등의 웃기를 얹었습니다. 또한 색떡으로 나무에 꽃이 핀 모양의 모조화(模造花)를 만들어 장식하기도 하였으며, 회갑연에 사용한 떡은 잔치가 끝난 후 서로 나누어 먹었습니다.

제례
제례란 자손들이 고인을 추모하며 올리는 의식입니다. 이때도 떡은 영혼을 달래는 중요한 음식의 하나로 녹두고물편, 꿀편, 거피팥고물편, 흑임자고물편 등 편류로 준비합니다. 정성스럽게 만든 떡을 여러 개 포개어 괴고, 위에 주악이나 단자를 웃기로 올렸습니다. 귀신이 무서워하는 붉은팥고물편은 사용하지 않는 것이 일반적입니다.

떡의 조리 과정별 특징

1) 씻기
쌀에 섞인 먼지나 겨, 돌 등의 불순물을 제거하기 위한 과정입니다. 불순물을 깨끗이 제거해야 떡을 했을 때 금방 쉬지 않고 보관이 길어집니다. 이 과정에서 수용성 비타민이 상당 부분 감소합니다.

2) 불리기
쌀을 씻어 불려야 하는데, 이는 쌀 자체가 가지고 있는 수분 함량이 적고 또 조직이 단단하기 때문에 쌀 내부까지 물과 열이 침투하려면 상당히 시간이 걸리기 때문입니다. 따라서 쌀을 미리 물에 일정 시간 담가 두면, 쌀 조직이 물을 흡수해서 벌어지므로 가열 때 전분의 호화(糊化)를 쉽게 할 수 있습니다. 일반적으로 쌀의 물 흡수는 온도가 높을수록 빨리 끝나게 됩니다. 쌀을 빨리 불리고 싶으면 따뜻한 물에 불리는 것이 좋습니다.

3) 가루 만들기
쌀가루는 아주 고운 것보다 어느 정도의 입자가 있는 것이 쌀가루 자체의 수분 보유율과 떡을 만들었을 때의 수분 함량이 높아 호화도가 더 좋습니다. 또한 가루가 굵은 것이 고운 가루보다 단단하게 나타납니다. 이러한 차이는 작은 입자의 경우, 조직이 없어 전분 입자만으로 되어있기 때문에 가열 시 완전히 풀의 형태로 변하고, 큰 입자는 아직 조직을 가진 것이 많고 가열 후에도 단순한 팽윤을 보이며 붕괴의 정도도 다르기 때문입니다.

4) 물주기

쌀을 하룻밤 물에 불린 가루로 만들었을 때 멥쌀과 찹쌀의 최대수분흡수율은 25~27%와 38%~40%를 나타냅니다. 멥쌀과 찹쌀의 수분함량이 다른 이유는 찹쌀의 '아밀로펙틴 함량의 차이' 때문입니다.

찹쌀로 떡을 할 경우 침지과정 중 멥쌀에 비해 10% 이상의 높은 수분흡수율을 보였으며, 또한 스팀과정 중에 전체 중량의 7% 이상의 수분을 더 흡수하여 물을 따로 더하지 않아도 쉽게 떡을 만들 수 있습니다. 이에 비해서 멥쌀은 물을 주지 않고 찌면 떡이 익기 위한 수분이 부족하고 떡 찌는 과정 중에 수분의 흡수가 거의 이루어지지 않아 수분의 보충이 필요한 것입니다.

5) 반죽하기

* 반죽을 많이 치대는 것이 좋은 이유

많이 칠수록 쫄깃하고 식감이 좋아지며, 변화가 적고 가식일수가 길어집니다. 치는 횟수가 많아질수록 반죽 중에 작은 공기 기포가 함유되기 때문입니다. 치는 동안 찹쌀 전분의 주성분인 아밀로펙틴이 세포 밖으로 나와 호화 된 후 많은 가지를 가지고 있던 아밀로펙틴끼리 서로 완전히 엉키게 되면서 점성이 강한 특성을 지니게 됩니다. 따라서 점성이 강하고 오랫동안 노화되지 않는 인절미를 만들기 위해서는 전분을 완전히 호화 시켜야 하고 쪄낸 찰밥을 오랫동안 절구에 쳐주어 아밀로펙틴끼리 서로 완전히 엉기도록 해야 합니다.

* 반죽 시 익반죽하는 이유

반죽 때 물의 온도가 높을수록 반죽이 순간적으로 익어 점성을 주기 때문에 반죽이 빨리 엉기고 단단하게 만들어집니다. 따라서 끓는 물로 익반죽하면 수분흡수율이 높아져 호화가 잘되고, 호화가 충분히 진행되기 때문에 오랜 보관이 가능해집니다. 또한 익반죽을 하고 젖은 면포나 비닐에 싸놓지 않으면 수분 증발이 빨리 이루어지므로 반죽을 꼭 덮어야 합니다.

6) 부재료의 첨가

* 떡에 쑥이나 수리쉬, 호박 등을 넣을 경우

쑥개떡을 만들 때 쑥 10~30%까지 첨가해서 만듭니다(쑥가루일 때는 1~3%). 쑥이나 수리취 등 섬유소가 많은 식품을 쌀에 섞어 떡을 만들었을 때, 쑥을 많이 넣을수록 수분 함량이 많아지는데 이는 쑥의 식이섬유소가 수분 결합력이 커서 보수성을 갖기 때문입니다. 또한 쑥이나 수리취를 넣으면 떡의 노화가 느려집니다.

7) 가열(찌기)

전분의 변화가 결정적으로 나타납니다. 전분이 호화하여 먹기 좋은 상태로 바뀌며, 가열 중에 덱스트린(dextrin), 유리아미노산, 유리당(遊離糖)이 침출되어 맛이 좋아집니다. 가열 온도가 높을수록 떡이 잘 쪄지며, 멥쌀떡은 20분, 찹쌀떡은 30분이면 떡이 대부분 쪄집니다.

8) 뜸들이기

뜸을 들이는 것은 고온에서 일정 시간 그대로 유지하는 것인데, 이때 미처 호화 되지 못하고 남은 전분 입자들을 호화 시키기 위해서입니다. 높은 온도에서 오랫동안 뜸을 들이면 전분의 호화를 촉진하므로 떡의 맛이 좋아집니다.

떡의 원리

1) 호화

전분에 수분을 가하여 가열하면 밥처럼 끈기가 생기며 뭉쳐지는 현상을 호화라고 합니다. 떡도 쌀가루에 수분을 주어 수증기로 쪄내어 점성이 있는 덩어리로 만드는 것이기 때문에 호화라는 용어를 사용합니다.

전분(쌀가루)+수분(물, 우유, 막걸리, 과즙 등)→가열→호화(떡 덩어리)

2) 떡의 호화에 영향을 미치는 요인

수분

전분 입자들이 수분을 흡수하여 팽윤 상태에 있으면 호화가 쉬우므로 수분량이 많을수록 호화가 잘됩니다. 설기떡보다 물의 첨가량이 많은 절편류가 단시간에 익을 수 있습니다.

pH

전분액의 호화는 알칼리성에서 비교적 촉진되기 때문에 신맛이 많은 오미자를 떡에 첨가하면 pH가 산성으로 낮아져 떡이 잘 익지 않을 수 있습니다. 따라서 강한 신맛이 나는 재료는 사용하지 않는 것이 좋습니다.

전분의 종류

전분의 종류에 따라 전분 입자들의 구조나 크기의 차이가 나며 전분 입자의 크기가 클수록 저온에서 익게 됩니다. 전분의 입자가 큰 감자떡이 입자가 작은 쌀가루보다 빨리 익으나 호화가 불안정하여 빨리 굳게 됩니다.

당류의 농도

설탕은 호화에 영향을 미치지 않으나 농도가 20% 이상, 특히 50% 이상에서는 호화를 크게 억제합니다. 설탕 농도 20% 이상에서는 떡의 호화 되는 온도를 높이는 역할을 하므로 떡이 잘 익지 않게 됩니다.

지방

참기름 등 액체유, 생크림, 견과류 가루, 버터 등을 첨가할 수 있는데 지방은 전분의 입자를 둘러싸 막을 형성하는 경향이 있어 호화를 지연시키며 떡을 보슬보슬하고 부드럽게 하는 데 도움이 됩니다.

3) 좋은 쌀 고르기

우리나라 쌀의 품종은 자포니카로 키가 작고 쌀의 모양이 둥글고 굵은 편입니다. 쌀이 맑고 윤기가 흐르며 흰 골이 지지 않는 것이 좋습니다.

* 도정에 따른 분류

	도정률(%)	특징
현미	100	섬유질, 비타민 B군이 풍부
5분 도미	96	
7분 도미	94	
백미	92	배유부분만 함유

* 멥쌀과 찹쌀의 차이

쌀 종류	호화온도	아밀로오스/아밀로펙틴	일반적 가공 특성
멥쌀	65℃	20/80	떡을 쪘을 때 늘어지지 않고 형태를 잡아줌으로써 찌기 전 성형이 가능, 설기떡일 경우 떡을 안치고 미리 칼집을 넣으면 떡이 익은 후에 모양이 그대로 갈라짐
찹쌀	70℃	0/100	떡을 쪘을 때 점성이 많고 늘어지는 성질 때문에 떡을 찐 후에 모양을 잡기가 가능

* 멥쌀과 찹쌀의 구별법

쌀가루에 요오드 용액을 떨어뜨려 보면 멥쌀은 청자색으로 변화하고, 찹쌀은 적갈색으로 요오드 용액 색이 그대로 있어 변화가 없습니다.

후다닥 떡 만들기

INDEX

간편 증편 · 120
감자송편 · 50
감자정과 · 157
개성약과 · 131
개피떡 · 36
거피팥메시루떡 · 45
건과일찰떡 · 122
건빵맛탕 · 174
견과류강정 · 140
고구마떡케이크 · 101
구름떡 · 77
깨엿강정 · 145

너트설기 · 110
네모부꾸미 · 58
녹차떡케이크 · 117

단호박떡 · 69
단호박식혜 · 199
단호박찰떡구이 · 164
대추생강차 · 201
대추약편 · 66
더덕정과 · 153
도라지정과 · 154

두부쌀과자 · 182
두유쉐이크 · 205
두텁떡 · 70
두텁메편 · 73
두텁찰편 · 74
등태떡 · 78
떡바 · 185
떡샌드위치 · 163
떡샐러드 · 166

라즈베리설기 · 119

맞편 · 86
멸치매작과 · 179
모과차 · 202
무정과 · 159
무지개떡 · 64

밤단자 · 95
밤초 · 150
방울쌀강정 · 142
백설기 · 26
버터설기 · 115
별미경단 · 90
붉은팥시루떡 · 29

사과정과 · 156
설탕설기 · 98
삼색 찹쌀떡 · 38
새우매작과 · 179
석탄병 · 80
송편 · 47
쇠머리떡 · 42
수수경단 · 52
수정과 · 196
식혜 · 193
쑥갠떡 · 34

약식 · 54
양갱 · 138
엄마표 강정 · 172
오미자화채 · 194
오쟁이떡 · 41
이색매작과 · 134
인절미 · 32
인절미말이 · 108
인절미 토스트 · 187

잣설기 · 83
절편 · 30
증편 · 56

찹쌀팬케이크 · 126
찹쌀호떡 · 176
채소칩 · 148
초콜릿떡케이크 · 113

커피설기 · 103
컵떡 활용하기 · 46
콩강정 · 168
콩설기 · 27

팥설기 · 105
팥앙금떡 · 107

현미인절미 · 92
호두강정 · 136
홈메이드 맛동산 · 170
화전 · 61
흑미영양떡 · 89
흑미찐빵 · 180
흑임자설기 · 84

LA영양찰떡 · 124